武術特輯 4

# 教門長拳

## 〈查拳〉

蕭京凌◎編譯

大展 出版社有限公司

# 序言

　　所謂教門長拳，指的就是查拳。查拳創始者查密爾及一些重要人士均為回教徒，也稱作教門拳，教門即回教之意。

　　近年來，由於學習傳統武術的風氣日漸普及、深入，我們對它的認識，也愈加深刻。

　　傳統的中國武術，源遠流長，是我們文化精華的一部分。不但可以發揮技擊（實戰）的功能，而且站在強身及冥想的觀點來看，也具有相當高的價值。

　　傳統武學，門派紛雜，坊間已有許多各門派大師的精心著作，和這些前輩比較起來，我無異是班門弄斧。只希望本書的內容，能給予初習武術的人一些參考，在弘揚武學上有些許貢獻，就是我莫大的榮幸了。

　　本書的重點，偏重於基礎方面，使初學者能經由正確的指導，打好練武的根基，然後才能進一步去學習更高深的武學。對於日後研習其他門派的武術，也會以很大的幫助。本人表達能力有限，希望方家師友指正為盼。

# 目錄

## 第3章 初級套路編

# 第4章 對打編

# 第1章
# 教門長拳概述編

# 何謂教門長拳

　　一般所指的長拳，通常都是查拳、華拳以及砲拳的總稱。它們的共同特徵是，動作較大，將身體各部位儘量伸展，再配合跳躍、彈踢、旋轉等技巧，綜合而成。

　　隨著人們對長拳的認識日漸加深，喜愛也愈見增加，所以現在學習長拳的人已經愈來愈普遍。

　　理由是，長拳對於奠定習武的基礎極有幫助，健身方面的效果也相當好。學習長拳，必須要有良好的柔軟度、速度以及耐力，因此，對初習武術的人而言，是練習基本姿勢和擊踢技巧的最好途徑。

　　當然不是說武學的基本功夫就是長拳，因為各門各派都有其獨特的基本功夫，亦不可忽略。比如太極拳有太極拳的，形意拳也有形意拳獨特的基本練法，只要能得到名師的真傳，照正規方法練習，不論是體能或技能，都能達到高水準的境界。所以，如果初學者能以長拳為入門，先將體魄鍛鍊好，基礎穩固之後，再去學習其他門派的武術，就更能得心應手了。

　　前面曾經說過的查拳、華拳和砲拳，都是傳統武術之一（近年來其中已有部份被改編）。三者中的查拳，後面還有詳細介紹，其創始者查密爾及一些重要人物均為回教（伊斯蘭教）徒，也稱作教門拳（教門即回教之意），因此，所謂的教門長拳，指的就是查拳。而且，此處對於和查拳同受重視，常被學習的彈腿（潭腿），也有解說。

# 彈腿(潭腿)與查拳

## 彈腿(潭腿)

●彈腿 (潭腿) 的歷史

　　彈腿可稱為潭腿或譚腿，是北派中國拳法中的代表門派。自古以來即廣為流傳，尤其在河北、山東、河南等地，均極為盛行。其動作簡單而實用，許多初學者都以此為習武的基礎，所以後世流傳的範圍相當廣泛。

　　同時，「彈腿」的名稱，也被其他門派採用為入門的基本武術之一，查拳就是一個最好的例子。但是，由於它已自成一個派別，如今再想探求其根源，就相當困難了。

　　一般的說法，可分為以下二種。

（i）　潭腿

　　　ⓐ　起源為山東省的龍潭寺，這種說法極為普遍。

　　　ⓑ　由河南省的譚某人所創始，後來「譚」以訛傳訛變成「潭」，才稱為潭腿。

　　　贊成這種說法的人比較少。

（ii）　彈腿

　　由於踢腿的動作類似反彈般猛烈，因此稱之為「彈腿」。

　　使用這個名稱的多半為回教徒，其門下傳有歌訣說：「崑崙大仙傳諸於世，名曰彈腿，其奧無邊。」也有人說：「由南京到北京，彈腿均出於教門。」而視此拳法是由西域流傳過來的。

　　但是，根據1983年6月所出版的「十路彈腿」（馬振邦：香港海峰出版社）所記載，十路彈腿的起源和查拳相同，均為查密爾所創。其系統圖標明於後，可供各位讀者參考。

　　至於潭腿和彈腿，在技巧上的差異，一般的說法如下：

(1)潭腿

● 潭腿可分為十路及
十二路兩種，其踢
擊的技法稱為「寸
腿」，是一種膝蓋
以下的低踢技巧。

● 雙人潭腿為兩人對
練的技法。

● 六路短拳（卽精武
門中的六路硬槌）
是一種近距離打法
（肉搏戰）的技巧。

(2)彈腿

● 彈腿只有十路，是
踢較高部位的技巧

。所謂「高踢矮試

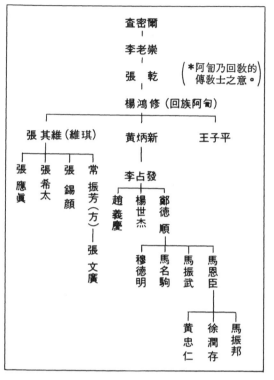

查密爾
│
李老崇
│
張　乾

（＊阿訇乃回教的傳教士之意。）

楊鴻修（回族阿訇）

張其維（維琪）　　黃炳新　　王子平

張應眞　張希太　張錫顏　常振芳（方）—張文廣

李占發

趙義慶　楊世杰　鄭德順

穆德明　馬名駒　馬振武　馬恩臣

黃忠仁　徐潤存　馬振邦

」指的是練習時踢得高而且動作大，實戰時踢得又猛又準。

● 回教徒多牛與查拳合在一起學。

以上的說法，散見於坊間的各種武學資料中。但另有一種說
法（Ｃ ù ｎ）的譯音而來，這個音在北方是敏捷輕快的意思，亦
卽不會拖泥帶水，所以才將這種門派的踢擊技巧以口語化的方式
表示，並不意味著不到一尺高的低踢技藝。

事實上，潭腿的套路中也不乏中段的技巧，譬如於第十路就
有飛躍以及二起脚的動作。

由於對各種技巧動作名稱的解釋莫衷一是，因此無法加以統
一。但以十路及十二路相比較，前十路都大同小異，只有多餘的
二路較有差別，大概是後來才添加上去的。

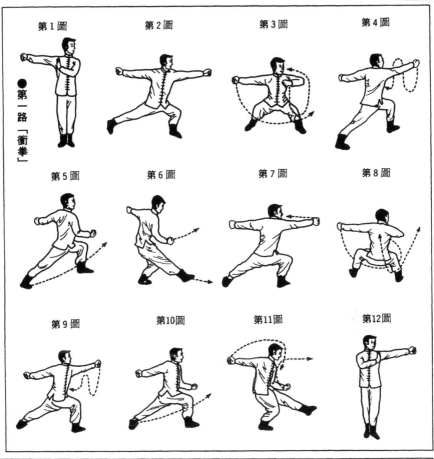

第1圖 第2圖 第3圖 第4圖
第5圖 第6圖 第7圖 第8圖
第9圖 第10圖 第11圖 第12圖

●第一路「衝拳」

十二路潭腿「十二路潭腿新教授法」（王懷琪）

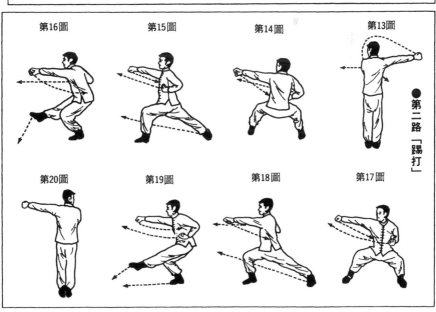

第16圖 第15圖 第14圖 第13圖
第20圖 第19圖 第18圖 第17圖

●第二路「踢打」

第21圖　第22圖　第23圖　第24圖

● 第三路 「劈柴」

第25圖　第26圖　第27圖　第28圖

第29圖　第30圖　第31圖　第32圖

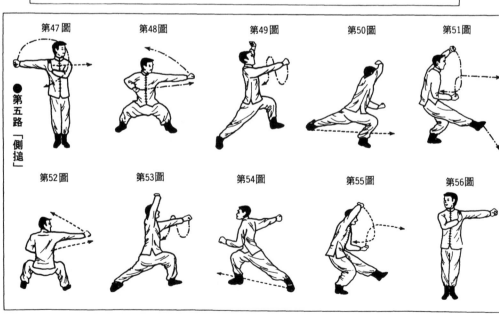

第47圖　第48圖　第49圖　第50圖　第51圖

● 第五路 「側搶」

第52圖　第53圖　第54圖　第55圖　第56圖

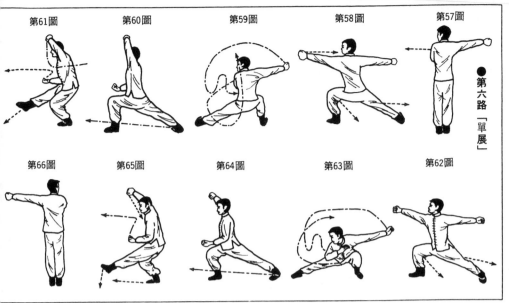

第61圖　第60圖　第59圖　第58圖　第57圖

● 第六路「單展」

第66圖　第65圖　第64圖　第63圖　第62圖

● 第九路「碰鎖」

第100圖　第101圖　第102圖　第103圖

第104圖　第105圖　第106圖　第107圖

第108圖　第109圖　第110圖　第111圖

## 彈腿(潭腿)的練習過程

不論是彈腿或是潭腿，現在均有許多支派，動作和套路都有差別，不過，大致上仍照下列的過程練習。

(1)　基本動作

正確而反覆的練習固定動作。

(2)　應用動作

架勢不變，只是說明使用方法，分析每一個動作，然後反覆的練習。

(3)　變化動作

沒有固定的型態，自己領悟其中的變化，以初學的技巧為基礎，遵循拳理，靠想像力去自由發揮，超越既有的架勢。這些課程，均「由易而難」，順著「熟則變，變則通」的原則進行。

## 彈腿(潭腿)的著名武師

該門派中特出而著名的人物如下：

●楊鴻修（籍貫山東、回族、回教阿訇、王子平之師。）

●馬永貞（籍貫山東）

●王子平（籍貫河北滄縣、回族、1889～1973 年，人稱大力王。）

●馬金鏢（籍貫山東濟南、回族、1881～1973 年，吳志青之師。）

●吳志青（籍貫安徽）

●趙連和（籍貫河北）

●常振芳（籍貫山東省冠縣張尹庄、回族、1898～1979年，張文廣之師。）

●張文廣（籍貫河南、回族。）

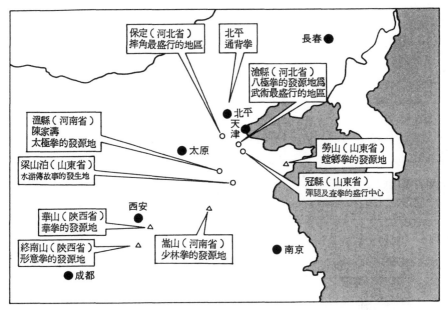

保定（河北省）摔角最盛行的地區

北平通背拳

長春 ●

滄縣（河北省）八極拳的發源地為武術最盛行的地區

溫縣（河南省）陳家溝太極拳的發源地

梁山泊（山東省）水滸傳故事的發生地

華山（陝西省）華拳的發源地

終南山（陝西省）形意拳的發源地

嵩山（河南省）少林拳的發源地

勞山（山東省）螳螂拳的發源地

冠縣（山東省）彈腿及查拳的盛行中心

● 北平
● 天津
● 太原
西安 ●
● 成都
● 南京

# 查拳

●查拳的歷史

　　查拳及彈腿並稱爲中國北方的兩大門派，自古卽盛行於山東及河北一帶，其正確起源尙待考證。

　　有一種說法是，其創始者查尙義（原名：查密爾）爲明末的新疆回族人氏。由於明朝是推翻蒙古人的元朝才得以創建，因此，開國初年的明太祖洪武帝以及成祖永樂帝，對於防犯北方異族的侵略，都不遺餘力。明代的蒙古高原，東有元朝後裔的韃靼族，西有瓦刺族，都對中國虎視眈眈，因此戰亂不斷。在福建及廣東沿海，又有日本人和其他民族混雜的海盜作亂，使地方上極不安寧，所以有「北虜南倭」的說法。

　　在這種情況下，查密爾奉朝廷之命從軍，一路上翻山越嶺，渡河遠征。不料中途身染重病，只好在山東冠縣的某山村中療養。等到病體痊癒，正好是當地秋收時節，由於農民們均趁農閒時練武自娛，查密爾爲了報答他們的恩情，遂將自己多年的心血傾

囊相授。村民們學會之後，便將查密爾所傳授的這十路拳法稱爲「查拳」。後來，又將原爲回文的二十八趟「彈腿」，整理爲「十路彈腿」。

不過，另外還有一種說法，說查密爾乃是滿清末年的人，當英法等列強組成八國聯軍圍攻北平之時，他憤而從軍，但却病倒於河北省的滄縣附近，病癒之後八國聯軍早已撤退，於是他便留在該地敎授拳法。

也有人說，明朝將軍戚繼光所著的《紀效新書》中，「拳經、捷要篇」裡的「溫家七十二行拳」就是查拳。另外還有記載「山東李半天之腿」便是彈腿，以及該拳法中叉拳的使用技巧名稱。叉拳又稱插拳（查、叉、插之者相通）……等等，衆說紛紜。

無論如何，查拳在回敎徒之間盛行總是事實，查密爾之學傳諸後世廣爲流傳，近年來，又有楊鴻修、王子平、吳志青等人予以發揚光大。

繼承楊鴻修衣鉢的是張維琪，其弟子常振芳（山東省冠縣），將查拳中的一路、二路、三路加以整理，成爲更有系統的武學。他的門徒張文廣先生，如今在武術界也相當活躍。

●查拳的內容及其特徵

查拳中有十套套路，據張文廣所述如下：

| | |
|---|---|
| 一路……母子 | 六路……埋伏 |
| 二路……行手 | 七路……梅花 |
| 三路……飛脚 | 八路……連環 |
| 四路……昇平 | 九路……龍擺尾 |
| 五路……關東 | 十路……串拳 |

查拳的基本功夫可分爲炮拳、滑拳、洪拳、腿拳等套路。此外，張文廣和他的師父還以傳統的一至五路重新整編，成爲「查拳綜合套路」。

一般而言，其中的四、五路最為普遍，練習的人也最多，不過，在動作上稍有差別。

普通都是先將彈腿的基礎打好之後，才練查拳，而就四路而言，和彈腿有許多類似的地方。練習的套路，有閃轉躍動，其動作要大，上下的起伏激烈。緩急、強弱要分明，手法脆快、步法輕活，不可有停滯感。拳諺有云：「手似兩扇門，全憑腿打人」，踢技的受重視可見一斑。因此，其中還包括了不少如二起脚、騰空擺脚等的跳躍技巧。

查拳的獨特動作為「虛步勾按」（古時候稱為「穿掌」）的虛步姿勢，一手伸出如鈎狀，與另一手臂成起手架勢，單膝提起，呈金雞獨立的狀態，雙掌向上，畫一大半圓，然後起步騰空躍出再踢腿，這種一連串的動作，常見於武術表演之中。

# 回民族與武術

## 中國的少數民族

當前大陸的人口總數大約有10億1541萬人（1982年的調查結果）。中國除了漢族以外，還有許多少數民族，可分為55族，總數約6723萬人，約佔全國總人口的6‧7％。他們廣泛的分佈於全國各地區，不過，大部分還是居住在西南及西北的邊境各省，而且，仍保有其原有的風俗、習慣以及民族性。其民族服裝、民族樂器、舞蹈和祭禮等豐富的文化財產，一直流傳至今。

其中人口較多的有蒙古族（約341萬人）、回族（約721萬人）、維吾爾族（約595萬人）、藏族（約387萬人）、壯族（

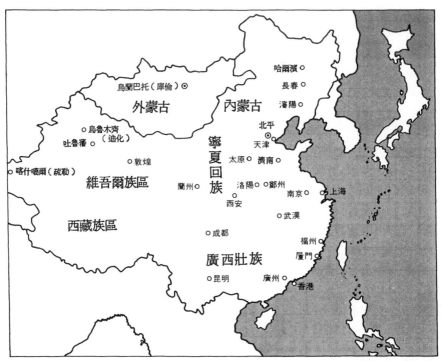

約1337萬人）等等。一般都居住於蒙古地方、漠南四省、新疆省、西藏地方及廣西省境內等地區，除其族部群居地區以外，還散見於其他部族的區域及其他省、市之間。

## 回族的形成及武術淵源

從歷史的過程中，我們可以看出，自古以來，中國和外族的來往非常密切。十世紀時的宋朝，伊斯蘭教透過通商活動傳入中國，隨著十三世紀元太祖成吉思汗的西征及南征，大批的波斯及阿拉伯人湧入中國，被稱為色目人，在蒙古帝國中，他們的地位僅次於蒙古人。對於天文、數學、醫學等方面，都有許多貢獻。

伊斯蘭教日漸普及，而且廣為流傳，於是形成了一個宗教集團。8世紀左右，居住於中國西北邊境。原屬土耳系一支的維吾

爾族（古稱回紇或回鶻族）信奉該教，因此被稱為回教或回回教，而其宗教集團也被稱為回族，隨著分佈的日漸廣泛，慢慢的也就同化了。

他們也被稱為「穆斯林」（音譯：即回教徒），是一個非常頑強健壯、好勇尚武的民族。穆斯林所居住的地區都有「清真寺」，是一種回教的寺院，主持其宗教儀式的人稱為阿訇，同時，也是優秀的武師。穆斯林的慣例裡有開齋節，從回曆 9 月至 10 月禁食修行 30 天，10 月 1 日所舉行的祭典就是開齋節。而犧牲祭則是 12 月 10 日所舉行的宗教性祭典。舉行這些祭典時，清真寺中也同時舉辦比武大會。

隨著歷史的演變，統治者與被統治者之間常會發生種種衝突。不過，回族傳統的勇猛剛烈個性，却令滿清朝廷明文規定「凡 3 個以上的回人手持武器，可以立即予以逮捕，處以重罰。」

## 回族武術

包括回族在內的其他少數民族，都和漢族有長時間的相處，互相的交流極為密切，影響也相當深刻。由於缺乏充分而有力的資料，所以無法了解何以回族會有其專有的武術。可能是將漢族師父處學來的武技加以融和演變，遂形成他們現在風格獨特的武學吧？

明朝將軍戚繼光所著《紀效新書》中有記載，在明代的中、後期，以槍法而馳名於世的有三個家族，是為楊家槍、馬家槍以及沙家槍。而其中的馬、沙兩家，都屬於穆斯林家族。據說，其槍法至今仍流傳於世。

明朝末年所流行的「回回十八肘」是一種短擊（肉搏戰）的絕技，後世稱之為「藝中之萃」。

滿清的中、後期，是傳統武術大放異采的時代，許多流派都

應運而生。除了前面所說的彈腿及查拳以外，和回族有關的武術還有以下幾種。

(1) 八極拳

以河北省滄州地區一帶（滄州市、孟村縣、南皮縣等地）為中心所流傳的拳法。這個地區也被稱為「武術之鄉」，高手輩出。其原因如下：①因為居於交通要衝，人們往來頻繁。②由於該區內漢、回、滿雜居。③土地貧瘠，為求出人頭地，許多人都以習武為捷徑。④前三個條件能夠長久保持之故。

(2) 劈掛拳

從前盛行於河北滄州一帶的掌法。

大多和八極拳兼而習之，其中的回族高手有馬英圖、馬鳳圖和其子穎達、賢達、令達、明達，以及吳會清、吳秀峰、吳連枝等多人。

(3) 形意拳

有時稱為心意六合拳。清代的高手有買壯圖、安大慶、寶鼎（顯廷），都是回族人氏，近代則以何福生較為有名。

除此之外，還有許多回族人氏都是武術界名人，其中較著名的有馬振武（羅漢拳），王新武（太極拳）、趙長軍，王菊蓉（（王子平之女）。從數百年來的回族歷史看來，武術實在有著和他們密不可分的關係。

# 第2章
# 基本功編

# 基　本　功

　　中國北派的武術門派相當多，但是，其根本原則都是相同的，不同的只是技巧、勁道、步法以及練習的階段而已，這些不同處，也成爲各門派的特徵。

　　因此，各門派都有其獨特而型式不同的許多基本練功法，眞正的武術行家所重視的，就是這種特殊的基本練功法。因爲它雖然單純，但却是最主要而且又合理的練習方法。

　　在開始練習之前，首先必須了解，各門派大致相同的基礎練習，比如鍛鍊強健的腿力或是柔軟度的練習（並非特技式）等等，一般而言，都是大同小異。傳統的武術中，各式練法均有若干小差異，目前經過有組織的研究、整理及制定，已經幾乎都相同了。以長拳派的武術爲例可分爲：

- 肩關節的彈性
- 壓腿（膝、股關節的彈性）
- 高踢腿（高踢的技巧）
- 跳躍彈身的踢擊技巧
- 提高平衡能力
- 地躺技術（滾、翻、跌、仆等）

　　這些都是受重視的練習步驟。由於這些動作能使全身各部位都獲得充分的運動，因此對於體育及健身兩方面，都有很好的效果。

　　上述的各種練功的詳細解說，有許多專門書籍可以參考，因此，我們僅將基本的練習方法作簡單的介紹。

# 準備體操

通常，只要使用一般通用的體操就可以，專為練拳用的熱身操當然更好，我們選擇其中幾種為各位作重點式介紹。

## 脚踝的旋轉

由於猛踏脚（足部強勁踩落的動作）時，容易造成脚關節的疼痛，因此必須先將左右兩脚的關節活動開來。

## 膝部的旋轉

以低姿勢（低架勢）作練習動作時，兩膝的負擔相當大，一旦受傷，診治也極為困難，因此在練功之前要使膝關節先活動一下。

## 伸展跟腱

雙脚叉開呈弓箭步姿勢，使身體作上下振動，以伸展脚跟腱，可以視情況左右脚交換運動。

## 伸展股關節

為使踢擊時能強勁有力，關係脚力強勁的股、膝關節的柔軟度及彈性都必須加強。將後伸之脚以拇趾著地，然後以前脚作深度彎曲，視情況左右交互運動。

## 膝蓋上踢

　　將一臂屈肘前
伸，然後以膝蓋在
肘部的內側及外側
作交互上踢的動作
。可以左右交互進
行。

## 腰部的旋轉

　　雙手叉腰，向
前後左右作大幅度
的旋轉。可以左右
換方向進行。

## 肩部運動

①雙脚打開與肩同寬呈站立姿勢，兩臂及雙肩放鬆，作左右對稱的前後擺動。以地面為起點，使脚部及腰部的扭轉順暢的傳達兩臂。

②將①的動作適當的反覆數次之後，以更大的動作旋轉手臂，使雙臂作反方向的旋轉。要留意手臂不要離體側太遠，雙掌通過頭頂時相互拍擊一下。

## 甩 手

雙脚打開與肩同寬呈站立姿勢，身體作大幅度的扭轉。雙肩及兩臂完全放鬆，似甩鞭般擺動，將足部及腰部的扭轉順利的傳達至身體部位。雙肩及兩臂自然的擺動，在身體周圍甩來甩去。

# 把 式 （立 姿）

## 把式的意味

　　在中國北方，傳統武術可用「武術」「技擊」「拳」等名稱來表示，也有「把式」的稱謂。「把式」的意義相當廣泛，不過，通常指的是基本的站立姿勢。

　　常聽人說，中國北派拳法七分在腳、三分在手，所謂七分指的乃是下盤的「步」——或者是「式」——也就是基本的立足點。因此，北派拳法的入門首重腳勁以及下肢支撐力的鍛鍊。聽說從前的武術名家一開始都只教立姿，一定要將下盤基礎練得十分到家才可以，一方面也是藉以考驗練武者的學習熱忱。所謂「把式」的練習，其意義也正在於此。

　　但是，「把式」的練習不僅是外表上的動作演練而已，它還可以藉各階段的不同練法，透過呼吸的調節來導引內勁。

　　①第一階段：先學習正確的姿勢，穩住下盤，以獲得全身上下的統一協調。

　　②第二階段：藉緩慢的呼吸學習對「氣」的認識，將呼吸的意識集中於丹田。

　　③第三階段：將第二階段的部分練得十分純熟之後，藉想像將體內的「氣」在身體各部位間游移。這些練習方法，都必須在正確的指導下，按部就班的花時間慢慢學習才是正道，不要爲了求功心切而勉強以自己的方式去進行。尤其是呼吸的練法，很可能會因練習不當而損及健康，一定要特別注意。

## 把式的練習

　　「把式」的練習原本並沒有什麼固定形式，每個師父的教法都有不同。這裡介紹的練法乃是傳自徐紀（現居舊金山），其內容和一般北派拳法有許多相通之處，許多重要的架勢（姿勢）均以騎馬式作反覆練習，各種正確姿勢自己視情況以平靜的呼吸反覆練習。

## ① 預備式

　　全身放鬆呈站立姿勢，將呼吸調勻（如圖 1 ）。

　　雙脚分開成標準間隔（脚尖至膝蓋部份的長度）。雙
掌按於丹田之前（如圖 2 ～ 3 ）。

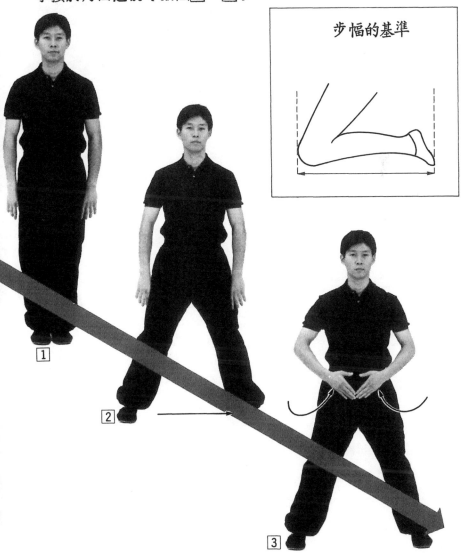

步幅的基準

1

2

3

4的側面圖

4

5

## ② 騎馬式

保持先前姿勢，腰部下沉，雙掌向前方伸出，兩足平行，膝蓋外張，臀部不能後突（如圖4）。

## ③ 弓箭式

左掌叉腰，一面轉身一面以右掌向前擊出，並抬高左掌至前額然後向上推出。動作要慢，將足部的力量平均的傳達到膝、腰、肩、肘、掌等部位（如圖5～6）。

## ④ 騎馬式

慢慢轉向前方，回復到騎馬式。（如圖7）。

## ⑤ 弓箭式

左掌叉於腰際，然後一面左轉向右，一面以左掌向前擊出，再向上推起，和③的動作正好左右相反（如圖8～9）。

## ⑥ 騎馬式

與④的動作相同（如圖10）。

8

## ⑦ 虚 式

　由騎馬式將身體向左斜轉45度，右掌向前推出與臉部同高，左掌置於身體之前，將重心移落右脚，左脚尖輕觸地面，兩膝閉合以保護下襠部位（如圖⑪）。

## ⑧ 騎馬式

與④的動作相同（如圖⑫）。

## ⑨ 虚 式

　和⑦左右相反的動作（如圖⑬）。

## ⑩ 騎馬式

與④的動作相同（如圖⑭）。

## ⑪ 仆腿式

　左脚輕輕地向左方伸出，腰部下沉，右掌托至頭頂，左掌作下壓動作置於丹田之前。上半身不能傾斜，要注意兩脚底不可離地（如圖⑮）。

## ⑫ 騎馬式

　將伸出之左脚沿地面慢慢收回，恢復到騎馬式（如圖⑯）。

32

14

15

18

### ⑬ 仆腿式

　　和⑪左右相反的動作
（如圖⑰）。

### ⑭ 騎馬式

　　與⑫的動作相同（如
圖⑱）。

第2章　基本功編 ● 33

19  20  21

### ⑮ 獨立式

　　向左斜轉45度，左膝提起，以右脚作單腿獨立狀。左脚護住右膝，左掌托於頭頂，要注意上身不可傾斜（如圖⑲）。

### ⑯ 騎馬式

　　慢慢把脚放下，恢復到騎馬式（如圖⑳）。

### ⑰ 獨立式

　　向右斜轉45度，右膝提起，以左脚作單腿獨立狀，和⑮的動作正好左右相反（如圖㉑）。

### ⑱ 騎馬式

與⑯的動作相同（如圖㉒）。

### ⑲ 坐盤式

　　由騎馬式將右脚跨過左脚後方，左脚跨出呈雙腿交叉狀，雙掌豎起向左推出。踏出之脚膝蓋不可著地，臀部也不可下垂（如圖㉓）。

### ⑳ 騎馬式

收回雙脚恢復到騎馬式（如圖㉔）。

### ㉑ 坐盤式

與⑲的動作正好相反，左脚

留意上身不可傾斜（如圖25）。

## 22 騎馬式

與20的動作相同（如圖26）。

跨過右脚後方，向右跨出，要

## ㉓ 四六式

由騎馬式將左腳向左橫跨一步，重量分佈為前腳四分後腳六分，所以稱為四六式。左掌朝前推出，右掌叉於腰際，要留意後腳膝蓋不可太偏外側（如圖㉗）。

## ㉔ 騎馬式

轉回正面，恢復為騎馬式（如圖㉘）。

## ㉕ 四六式

與㉓的動作正好左右相反（如圖㉙）。

## ㉖ 騎馬式

與㉔的動作相同（如圖㉚）。

## ㉗ 三七式

向左斜轉45度，左掌由上向前推出，右掌收回下壓至右脇部位，體重分佈為前腳三分，後腳七分。前手的指尖、鼻尖以及前腳尖，必須位於一條線上（稱為三尖相照）。（如圖㉛）。

## ㉘ 騎馬式

轉回正面，恢復到騎馬式（如圖㉜）

## ㉙ 三七式

　　向右斜轉45度，與㉗的動
作正好左右相反（如圖33）。

## ㉚ 騎馬式

　　與㉘的動作相同（如圖34）。

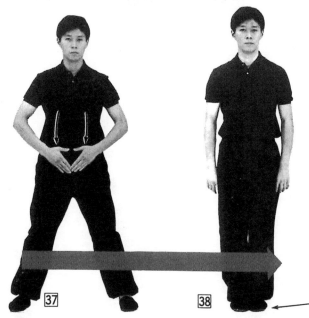

## ㉛ 大鵬展翅

　　以騎馬式將雙臂慢慢向
兩脇張開，然後再將雙掌由
後轉至胸前，保持不動（如
圖㉟～㊱）。

## ㉜ 收　式

　　緩緩起身，雙掌收垂置
於丹田之前，然後雙腿併攏
，將雙手收回體側，再調勻
呼吸即算大功告成（如圖㊲
～㊳）。

# 捶　法 (擊　技)

　　以拳作爲捶擊的技巧（捶法），除了少數門派以外，是一般拳法中的最主要技巧，因此必須多作練習。下面介紹的是一些基本練習方法，練習時整體性的注意事項如下：

- 出拳前必須先經過蓄勢階段，凝聚全力以待一擊。
- 恪遵全身放鬆，涵胸拔背的法則。
- 捶擊的手臂及肩部完全放鬆，拳頭輕握，擊中的瞬間才出力緊握。
- 將力量由脚底順暢的傳達到拳頭。
- 出拳的手臂不可離開體脇部位，垂肩自然出拳。
- 保持三尖相照（鼻尖、拳及脚尖成一直線）。

① **拗步捶**

①預備式：全身放鬆呈站立狀態，握雙拳於腰際（如圖①～②）。

②左脚跨前一步，採取四六式，右手握陽拳（手背向下）
　置於腰畔，左掌以輕壓之勢朝前推出（如圖③）。
③以右脚踏地順勢向前成弓箭式，以右陰拳（手背朝上）
　向前方擊出，左陽拳收回至腰際（如圖④）。
④緩緩恢復爲四六式，將右陽拳收回至腰際，左掌朝前推
　出（如圖⑤）。
⑤右拳繼續朝前擊出（如圖⑥）。
　　以上動作反覆練習幾次，然後再換邊（左側）練習同
樣動作。

4～6的正面圖

5

6

## ② 拘摟採手捶

①預備式（如圖1）。

②右腳向外跨出，配合腰部的扭轉將右手作小幅度的旋轉（如圖2）。

③左腳前跨一步成四六式，右手收回至腰際，左掌由上朝前推出（如圖3）。

④右腳踏地成弓箭式，以右陰拳向外擊出，左陽拳收回至腰畔（如圖4）。

⑤右腳外轉再跨前一步，右手由內而外作小幅度旋轉，與②的動作相同（如圖5）。

⑥左腳跨前一步成四六式，與③的動作相同（如圖6）。

⑦以右陰拳向前方擊出，與④的動作相同（如圖7）。

　　以上的動作反覆練習數次，然後再換邊作同樣動作的練習。

4

5

6

7

## ③ 衝捶蹬脚

①預備式（如圖 1）。

②左脚跨前一步成四六式，右手握
陽拳置於腰際，左掌向前方推出
（如圖 2）。

③以右脚踩地轉爲弓箭式，以右豎
拳擊向前方，左手握陽拳收回至
腰際（如圖 3）。

④以右脚底的前、中段向前方作踏
出般的踢擊，同時以右豎拳向前
擊出，右手握陽拳置於腰畔，由
前面看來，踢出的脚與擊出的拳
成一直線（如圖 4）。

⑤踢出的脚向前大跨一步，成騎馬
式，以右豎拳擊向前方，左手握
陽拳置於腰際（如圖 5）。

⑥左脚跨出成弓箭式，以左豎拳擊向前方，右手握陽拳收回
至腰際（如圖 6）。

⑦以左脚底的前、中段向前方作踏出般的踢擊，同時也以右

④

⑤

⑦

⑧

　　豎拳擊向前方，左手握陽拳置於腰際。與④的動作正好相
　反（如圖⑦）。
⑧踢出的腳向前大跨一步成騎馬式，以左豎拳擊向前方，右
　手握陽拳收回至腰際（如圖⑧）。
　　以上動作反覆練習數次即可。

# 踢 法 踢擊技巧

踢法（踢擊技巧）首重腳力及柔軟度的培養，下面會依次介紹其基本練習法。現在的長拳派練武者，都花很多時間去練習壓腿等腳部柔軟操。

## ① 撩陰腳

①左腳跨前一步成弓步（如圖 ① ）。
②右腳背部分由下而上作彈腿勁踢（如圖 ② ）。
　　然後將踢出之前腳跨前成弓步，再以左腳踢出，如此反覆練習。

②的側面圖

①

②

## ② 蹬　脚

①踩弓步，雙手向上旋起，
交叉於胸前（如圖①）。

②雙掌朝外
翻出，伸
展於兩側
，同時以
腳跟向上
踢出。（
如圖②）。
　然後將
踢出的腳收
回，恢復到
圖①的狀態
，再以另一
腳重複同樣
的動作。

①～②的正面圖

③ 側蹴脚

①一腳轉向外側，
　身體也隨之扭轉
　，呈半坐盤式（
　如圖1）。
②以腳跟從側面向
　上方踢出（如圖
　2）。
　　然後將踢出的
　腳放下，恢復到原
　來的狀態，再以與
　圖1相反的姿勢作
　反方向的踢擊。

1～2的正面圖

1～2的側面圖

## ④ 踹 脚

①一脚轉向外側，
身體也隨之扭轉
，呈半坐盤式，
雙手交叉於胸前
（如圖1）。

②雙手一舉張開，
以脚刀由側面向
前方踢出（如圖
2）。

　　然後將踢出的
脚放下，恢復到原
來的狀態，再以與
圖1相反的姿勢作
反方向的踢擊。

1

2

## ⑤ 活面脚

①踩弓步，與前脚同側之掌向前伸
　出（如圖①）。
②以脚底畫大圓弧踢出，踢完再收
　回（如圖②～③）。
　　踢出的脚放下後，再以和圖①
相反的姿勢，繼續作另一脚的踢擊
動作。

50

3

# ⑥ 擺　脚

①踩弓步，雙掌向前
，一手向側面推出
（如圖1）。
②將脚部由內而外作
弧形踢，並且和雙
掌相擊（如圖2～
3）。

1

2

3

1的側面圖

## ⑦ 二起脚

①預備式（如圖 1 ）。

②先以左腳向上作踢擊動作（如圖 2 ）。

③迅卽跳躍起身（如圖 3 ）。

④在空中以右腳向前作上踢動作，並以手掌拍擊踢出的腳
　背（如圖 4 ）。

　　然後換腳練習。

1

2

③

④

## ⑧ 旋風脚

①先將體重移至右脚（如圖①）。

②一舉躍起向後旋轉（如圖②～③）。

③以右脚底作大幅度的廻旋踢，此時將左手伸出當作假想敵的面孔來攻擊（如圖④）。

④着地時保持轉勢，然後踩馬步，以右拳出擊。

4

5

4的側面圖

6

## ⑨ 騰空擺腳

①保持原來架勢（如圖1）。
②以左腳由外而內作旋踢（如圖2）。
③然後以右腳騰身彈起（如圖3）。
④以右腳由內而外作廻旋擺
　腿的動作（如圖4）。
⑤着地後迅卽擺出仆腿式（
　如圖5～6）。

3

2

1

4

5

6

## ⑩ 斧刃脚

①踩弓步，雙掌一前一後伸出。前掌心朝上，後掌心朝下
　（如圖 1 ）。
②假設已抓住對方的手，並且扭轉拉回至腰際，然後將脚
　由內而外作小幅度的勁踢（如圖 2 ）。
　　放下踢出的脚，然後以與①相反的姿勢，再作反方向
的練習。

1

2

# 第3章
# 初級套路編

# 十路彈腿

## 練習的目的以及要領

此處所介紹的十路彈腿，每個動作都有簡單的說明，配合正確的動作，對初學踢技的人而言，相當適合。

對於一個初學者而言，很難能對中國拳法有全般性的體會（強弱、緩急），但十路彈腿卻是屬於比較容易理解的一種。

北派中國武術的最大特色就是「全身統一協調的動作，換句話說，出拳之際，不但手臂前伸，而且要跨步、扭腰；垂肩屈肘及伸展的動作都必須相互協調，而這一切的主宰全在於一個「意」字。

為求切身體會其中的原理，起初先將身體放鬆，尤其是手臂，肩部以及胸部，並且要留意上半身和下半身的配合。

其個別的運動路線，原則上是橫向線上的往覆動作（但第四路及第九路則是以彎曲路線進行），一路去，一路回，如此一往一返，而且每一路動作都作左右對稱的練習，通常是三次，由右→左→右，然後一路終結。當然，練習者可以不受這種限制，比方說，比較不擅長的動作就該多作幾次左右連續的練習。

動作上還必須注意到「舒展大方、節奏鮮明」，也就是意謂著動作的幅度要大，而且動作間要有明確的區分。不過，若是動作過大也不妥當，只要其中一個動作的力量失調，便會破壞整體的流暢性。

踢擊的主要技巧有以下三種。

彈：以腳背或腳尖猛然彈起踢出。

蹬：以腳底或腳跟作踩壓式踢擊。

踹：以腳刀或腳底作踏折式踢擊。

這些都是強而有力的踢擊技巧，起先是提膝，然後才作踢擊

動作，熟練以後便可以將整個動作迅速而強勁的一氣呵成。

出拳在捶擊技巧中所佔的力量並不大，必須配合前跨步以及身體重量的轉移，而且必須注意要將下半身的力道充分傳達上來。

練習套路，起初要留意定式（也就是關鍵動作的姿勢），比如在弓箭式出擊前的四六式會稍微停滯一下，習慣後便能一氣呵成。至於踢擊技巧，起初必須先將軸腳向外扭轉，保持身體穩定，蓄勢待發，然後才一舉踢出。這些要領，正如同練習書法時必須由楷書、行書而至草書的道理是相同的。

## 十路彈腿的歌訣及動作名稱

所謂歌訣，就是將各門派的秘訣及要領，以詩歌的形態表現出來，十路彈腿的歌訣有好幾種，下面這種是較具代表性的。

崑崙大仙世界轉　　彈腿技巧妙無邊
頭路沖掃似扁擔　　二路十字巧拉鑽
三路碰砸倒夜犁　　四路撐滑步要扁
五路招架等來意　　六路進取左右連
七路劈蓋七星式　　八路碰鎖跺轉環
九路分中掏心腿　　十路叉花跺箭彈
世人莫看法式單　　多踢多練知根源

以上所述的就是由第一路至第十路的動作名稱，其名稱因所傳不同而有差異，本書所介紹的名稱如下：

第一路……衝錘
第二路……十字腿
第三路……劈打
第四路……撐扠
第五路……架打
第六路……雙展
第七路……單展
第八路……蹬踹
第九路……碰鎖
第十路……箭罩

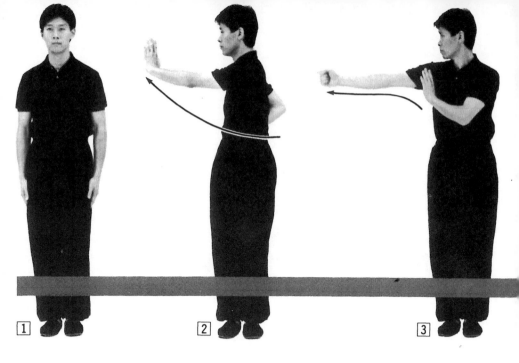

1  2  3

## 第一路　衝　錘

①預備式（如圖①）。

②左掌豎立於臉部前方，由左
　至右呈弧形揮出，右手握拳
　置於腰際（如圖②）

③以右豎拳自與肩同高處迅速
　擊出，左掌托於右肩（如圖
　③）。

④側身左轉，左手握拳置於腰
　際（如圖④）。

⑤跨前一步成弓式，以左豎拳
　向肩部高度平伸而出（如圖⑤）。

⑥保持該姿勢不動，左臂內彎拉至胸前，右臂下垂轉動右拳
　，使小指側朝上（如圖⑥）。

6

⑦將左臂作大幅度伸展，向前伸出與眼同高（如圖⑦）。
⑧然後將兩臂同時旋轉呈一棒狀，以右拳背向外甩出擊打（
　如圖⑧）。

⑨迅速扭轉右臂，以右拳背由上而下擊落，同時，左手拇指朝上，挑高至耳部高度（如圖⑨）。

⑩上身不動，左脚向外扭轉（如圖⑩）。

⑪以右脚背由下而上彈腿，軸脚略爲彎曲，頭部高度不變，以右拳護襠（如圖⑪）。（⑩～⑪的動作熟練之後，可以不必區分，一口氣完成迅速踢擊動作）

⑫右拳收回置於腰際（如圖⑫）。

⑬右脚前踏採取弓式，以左竪拳向肩部高度擊出（如圖⑬）。

⑭保持該姿勢不動，右臂向內屈收，扭轉拉回至胸前，左臂下
垂而將左拳小指側朝上（如圖⑭）。

⑮右臂向前作大幅度伸展至眼部高度（如圖⑮）。

⑯雙臂呈棒狀，同時作左右向的大幅度旋轉，左拳背朝上甩出
擊打（如圖⑯）。

⑰迅速扭轉左臂，以左拳背由上而下擊落，扭轉右臂使拇指朝
上，舉至與耳同高處（如圖⑰）。
⑱保持原姿勢不動，右脚向外扭轉（如圖⑱）。
⑲以左脚背由下而上彈腿踢擊，並以左拳護襠（如圖⑲）。
⑳左拳回收置於腰際（如圖⑳）。
㉑左脚踏前成弓式，左豎拳向肩部高度擊出（如圖㉑）。

㉒左臂內彎，拉回至胸前，右臂下垂而右拳小指側朝上（如圖
　㉒）。

㉓左臂以大幅度向前揮出至眼部高度（如圖㉓）。

㉔雙臂呈一棒狀，作大幅度旋轉，以右拳背向外甩出作擊打狀
　（如圖㉔）。

㉕迅速扭轉右臂，以右拳由上而下擊落，同時扭轉左臂，使大
　　拇指朝上抬至與身同高（如圖㉕）。
㉖左脚向外扭轉（如圖㉖）。
㉗以右脚背由下而上彈腿踢出，並以右拳護襠（如圖㉗）。
㉘右脚踏前成弓式，同時以左掌畫弧形向前揮出至臉部高度，
　　右拳則收於腰際（如圖㉘）。
　　（另有一法乃弓式而非虛式。圖㉙以下，所有路數皆相同。）
㉙左脚迅向右脚靠攏，右豎拳向外擊出至肩膀高度，以左掌托
　　右肩並面對出擊方向（如圖㉙～㉚）。

# 第二路　十字腿

①預備式（如圖1）。

②左腳跨前一步成四六
式，左掌豎立向前推
出，右手握陽拳置於
腰際（如圖2）。

③右腳跨前成弓式，以
右豎拳前擊至肩膀高
度，左掌如捲敵之手
般拉回至腰畔（如圖
3）。

④保持該姿勢不動，但
左腳向外扭轉（如圖
4）。

⑤右腳由下而上起腳彈
腿，同時以左豎拳前
擊，與肩同
高。頭部高
度保持不變
，由前
觀之，
拳與腳
尖在一
條線上，
此點必須
留意（如
圖5）。

⑥踢出之右
腳向前踏
下，左掌
豎起，由前至
左畫一弧形向外掃出（如圖6）。

⑦扭轉腳、腰及身體成馬式，出右豎拳擊向前方中段部位，假
設左掌爲拉敵之手，握拳拉回至腰際（如圖7）。

1

2

5

6

⑧將右脚、腰部及上身稍向右轉成四六式（亦即半馬步），右
　掌推向前方（如圖⑧）。

⑨左脚踏地成弓式，左竪拳向肩部高度擊出，假設右手在拉敵
　般拉回至腰際（如圖⑨）。
⑩右脚向外扭轉（如圖⑩）。
⑪提左脚彈腿而出，同時以右竪拳向肩部高度前擊而出（如圖
　⑪）。
⑫踢出之左脚向前踏成馬式，以左竪拳擊向前方中段部位，假
　設右手在拉敵般拉回至腰際（如圖⑫）。

⑬左脚、腰部及上身略向左轉成四六式，左掌前推，右手握陽
　拳置於腰際（如圖⑬）。
⑭右脚前踏成弓式，以右豎拳向肩部高度前擊而出（如圖⑭）。
⑮左脚向外扭轉（如圖⑮）。
⑯提右脚彈腿而出，同時以左豎拳由肩部高度向前擊出（如圖
　⑯）。

⑰踢出的右腳收回身前成
馬步，以右豎拳擊向前
方中段部位，並假設左
手在拉敵般拉回至腰際
（如圖⑰）。

⑱身體擺向右方成弓式，
左掌畫一弧形向前推出
（如圖⑱）。

⑲雙腿迅速併攏，以右豎
拳向右邊肩部高度擊出
，左掌托右肩（如圖⑲
）。

74

## 第三路 劈 打

①預備式（如圖 1 ）。

②左手握拳置於腰際，
　面向左方（如圖 2 ）。

③左腳跨前一步成
　弓式，以左豎拳
　由肩部高度向外
　伸出（如圖 3 ）。

④重量移至後脚，左臂向內扭轉至右膝內側，右手握拳揮向右
　膝外側，雙眼注視左拳（如圖④）。

⑤迅速轉頭面向前脚方向（如圖⑤）。
　（④～⑤的動作必須一氣呵成，不可中斷）。

⑥重量移落前脚，左臂呈大幅度廻旋，由下而上揮起（如圖⑥
　）。

⑦右臂上舉，由下而上作大幅度廻旋（如圖⑦）。

⑧踩弓步，出右拳，以拳背朝下擊落至前方臉部高度，左臂繼
　續旋轉，抬至後方與耳同高處（如圖⑧）。

　（④～⑧必須保持連續動作）。

⑨出右拳，向前方下段擊落（如圖⑨）。

⑩保持該姿勢不動，左腳向外扭轉（如圖⑩）

⑪頭部高度不變，起右脚作彈腿並以右拳護襠（如圖⑪）。

⑫ 12 ⑬ 13

⑯ 16 ⑰ 17

⑫右手握拳置
　於腰際（如
　圖⑫）。

⑬踢出之右脚前踏成弓式，以右豎拳向前方，肩部高度擊出（
　如圖⑬）。

⑭重量移至左脚，右臂內彎收至左膝內側，左臂外揮至左膝另
　一側，雙目注視右拳（如圖⑭）。

⑮迅速轉身向後（如圖⑮）。

⑯重量移至右腳，右臂外揮，作大幅度旋轉（如圖⑯）。

⑰左臂也同時前揮，作大幅度旋轉（如圖⑰）。

⑱踩弓步，出左拳，以拳背向前擊落至與臉同高處，右臂繼續
　轉動，後揮至與耳同高（如圖⑱）。

⑲出左拳，向前方下段擊落（如圖⑲）。

⑳保持該姿勢不動，但右脚向外
　扭轉（如圖⑳）。
㉑頭部高度不變，左脚彈腿並以
　左拳護襠（如圖㉑）。
㉒左手握拳置於腰際（如圖㉒）。
㉓踢出之左脚前踏成弓式，以左
　豎拳由肩部高度向前擊出（如
　圖㉓）。
㉔重量移至後脚，左臂內扭，拉
　回至右膝側，右拳外扭下擺至
　右膝另一側，雙目注視左拳（
　如圖㉔）。
㉕迅速轉向後方（如圖㉕）。
㉖重量移至前脚，左臂上揮，向
　前作大幅度旋轉（如圖㉖）。

㉗右臂同時前揮，作大幅度旋轉（如圖㉗）。

㉘蹲弓步，出右拳，以拳背向前擊落至與臉同高處，左臂繼續旋轉至後方與耳同高處（如圖㉘）。

㉙出右拳向前方下段擊落（如圖㉙）。

㉚左腳向外扭轉（如圖㉚）。

㉛起右腳作彈腿（如圖㉛）。

㉜踢出之腳前踏成弓式，豎左掌，畫一弧形向前揮出，右手握拳置於腰際（如圖㉜）。

㉝收左腳向右腳靠攏，以右豎拳擊向右方並以左掌托住右肩（如圖㉝）。

27

30

31

28

29

32

33

## 第四路 撐扠

①預備式（如圖①）。

②右手如鈎，自身體右側由上而下作大幅度外撥，左脚向斜後踏出成仆式，並以左掌托右肩（如圖②）。

③左掌由內而外，以大幅度向前削出，右手握拳置於腰際（如圖③）。

④重心轉移，踩弓步，豎右掌由肩部高度向前擊出，左手握拳置於腰際（如圖④）

⑤左脚向外扭轉（如圖⑤）。

⑥豎左掌，向前方擊出，並起右脚彈腿而出，右手則握拳置於腰際（如圖⑥）。

⑦踢出之右脚跨前一步成四六式，右掌並配合其勢向前擊出，而以左掌護胸（如圖⑦）。

⑧以右脚為軸，左脚向斜後方跨出，右掌並配合身體的轉勢向上掤出至與臉同高處，左掌下壓停於右臂之下（如圖⑧）。

⑨重心移落左
　脚，右脚底
　略爲浮起，
　左掌擦過右
　臂下側向上
　架出，右手
　則握拳置於
　腰際（如圖
　⑨）。
⑩右脚後收，
　一口氣換成
　弓式，出右
　掌前擊，左
　手握拳置於
　腰際。感覺
　上有如繃緊
　的彈簧忽然
　彈開一般（如圖⑩）。
⑪保持該姿勢不動但右手腕略爲扭轉，使右掌向上（如圖⑪～
　⑫）。
⑫右掌上抬，左掌在前，向前掤出至臉部高度（如圖⑬）。

⑨　　⑩

⑬　　⑭

⑪　　　　　　　　⑫

⑬左手如鈎，自身體左側由上而下撥出，隨卽成仆式，而以右掌托左肩（如圖⑭）。
⑭右臂大幅前伸，踩弓步，由內向外掃出，左手握拳置於腰際（如圖⑮）。
⑮重心轉移，踩弓步，左掌向前擊出肩膀高度，右手握拳置於腰際（如圖⑯）。

⑮　　　　　　　　⑯

⑯右脚向外扭轉（如圖17）。

⑰右掌前擊並提左脚彈腿而出（如圖18）。

⑱踢出之脚前跨一步成四六式，左掌配合前踏之勢向前擊出，而以右掌護胸（如圖19）。

⑲以左脚爲軸，右脚向後斜跨而出，左掌配合轉體之勢向前伸出，與臉同高，右掌則壓向左臂下方（如圖20）。

⑳重量移落右脚，左脚底略微浮起，右臂向前挑出，左手握拳置於腰際（如圖21）。

㉑右脚後收，隨卽探弓式，左掌配合轉體之勢向前勁擊，而以右手握拳置於腰際（如圖22）。

㉒左手腕略向外扭，使左掌向上（如圖23～24）。

㉓右掌前伸，通過左掌上方，向與眼同高處掤出（如圖25）。

20 21 22

24 25

㉔右手如鉤，自身體右側由內向外掃出，而且迅速採取仆式，
　並以左掌托住右肩（如圖㉖）。
㉕左掌由內而外作大幅前掃，右手則握拳置於腰際（如圖㉗）。
㉖重心轉移，踩弓步，右掌前擊，左手握拳置於腰際（如圖㉘）。
㉗左腳向外扭轉（如圖㉙）。
㉘左掌前擊，並起右腳彈腿而出（如圖㉚）。

㉙踢出之右脚踏出成四六式，而以右掌前擊，左掌則護住胸部
　（如圖⒛）。
㉚以右脚為軸，左脚向右後方斜跨而出，並以右掌向臉部高度
　掤出，左掌下壓至右臂下方（如圖⒓）。
㉛重量移落左脚，右脚底略微浮起，左手由右臂下方向上架出
　，右手則握拳置於腰際（如圖⒔）。

③右脚後收，踩弓步，而以
　右掌向前勁擊，左手握拳
　置於腰際（如圖34）。

③身體右擺，踩弓步，並以
　左掌畫大弧向右揮出，右
　拳則置於腰際（如圖35）
　。

③雙腿併攏，以右豎拳由肩
　部高度向右擊出，並且面
　向右方（如圖36）。

## 第五路　架　打

①預備式（如圖1）。

②左脚向左橫跨一步成四六式，右拳置於腰，左臂橫互於體前（如圖2）。

③重心轉移，踩弓步，以右豎拳前擊至與肩同高處，左臂扭轉並上架（如圖3）。

1

2

3

④右拳迅卽向下擊落，而左拳則置於腰際（如圖④）。
⑤姿勢保持不動，左脚向外扭出（如圖⑤）。
⑥起右脚彈腿，而以右拳護襠（如圖⑥）。
⑦踢出之脚前跨而成四六式（如圖⑦）。

⑧重心轉移，踩弓步，以左豎拳前擊肩部高度，扭轉右臂向上
　架起（如圖⑧）。
⑨左拳迅即向外捶落，並將右拳收至腰際（如圖⑨）。
⑩右脚向外扭出（如圖⑩）。
⑪提左脚彈腿而出，並以左拳護襠（如圖⑪）。

⑫踢出的左脚前跨而成四六式（如
　圖⑫）。

⑬踩弓步，以右豎拳前擊肩部高度
　，扭轉左臂向上架起（如圖⑬）
　。

⑭右拳迅卽向下捶落，並將左拳收
　回至腰際（如圖⑭）。

⑮左脚向外扭轉（如圖⑮）。

⑯起右脚彈腿而出，而以右拳護襠
　（如圖⑯）。

⑰踢出之右脚前跨成弓式，並以左
　掌畫一弧形向前擊出，右拳則收
　回至腰際（如圖⑰）。

⑱雙腿迅速靠攏，並以右豎拳向肩
　部高度向右擊出，左掌托住右肩
　（如圖⑱）。

12

15　　　　　16

13　14

17　18

## 第六路
## 雙 展

①預備式（如
圖[1]）。
②右手如鈎，
自側面由上
而下向外掃
出，左脚並
滑向左方成
仆式，而以
左掌托住右
肩（如圖[2]
）。

（第四路 [1]
向斜後方跨出
，第六路則跨向正側方。）
③左臂前伸，由內而外作大幅度外掃，右拳收至腰際（如圖[3]）。
④順著掃出之勢，化爲鈎手掃至身後，並轉移重心，改採弓式，
右掌尖向前，提至與眼同高，使兩臂成一直線（如圖[4]）。

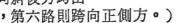

[2]

[2]的正面圖

[5]

⑤豎右掌，迅卽劈下（如圖⑤）。
⑥左脚向外扭轉（如圖⑥）。
⑦起右脚彈腿而出，並以右拳護襠（如圖⑦）。

⑧姿勢不動，右手握拳於腰際（如圖⑧）。

⑨右腳跨前成弓式，以右掌側之掌沿（手刀部分）前劈至腰部
　高度（如圖⑨）。

⑩身體擺向左側，右掌配合轉勢豎立拍向面前，腰部高度不變
　，左臂甩向後方（如圖⑩〜⑪）。

⑪身體完全轉向，迅即採取仆式，右掌托左肩並且面向右方（
　如圖⑫）。

⑫右臂前伸，作大幅度下掃，並收左拳於腰際（如圖⑬）。

⑬右臂繼續外掃，並代爲鈎手，向後揮出。重心移轉成弓式，
　而以左掌尖前揮至眼部高度，使兩臂成一直線（如圖⑭）。
⑭豎左掌，迅卽向下劈落（如圖⑮）。

⑮右脚向外扭轉（如圖⑯）。
⑯提左脚彈腿而出，並以左掌護襠（如圖⑰）。
⑰收左拳於腰際（如圖⑱）。

⑱左脚跨前成弓式，左掌微側，以掌沿前劈至腰部高度（如圖⑲）。

⑲腰部高度不變，身體略向左轉，左掌豎起，畫一弧形向臉部前方劈出（如圖⑳～㉑）。

⑳身體完全轉向，迅即改為仆式，左掌托右肩，而且面向左方（如圖㉒）。

㉑左臂前伸，大幅度下掃，收右拳於腰際（如圖㉓）。

24        25

㉒左臂以鈎手後挑，踩弓步，右掌尖向前，刺向眼部高度（如圖㉔）。

㉓右掌豎立，迅即向下劈落（如圖㉕）。

㉔左脚向外扭轉（如圖㉖）。

㉕起右脚彈腿而出，並以右掌護襠（如圖㉗）。

28        29

㉖收右拳於腰際（如圖28）。

㉗右腳跨前成弓式，右掌微轉，以掌沿前臂至腰部高度（如圖29）。

㉘左掌豎起，畫一弧形向前推出，收右掌於腰際（如圖30）。

㉙雙腿迅速併攏，以右豎拳擊向右方肩部高度（如圖31）。

## 第七路　單　展

①預備式（如圖1）。

②左腳滑進一步成四六式，左掌前推，右手握拳
　置於腰際（如圖2）。

③右腳跨前成弓式，以
　右豎拳前擊，並假設
　拉敵之手般，將左拳
　拉回至腰際（如圖3
　）。

④迅即再以左豎拳攻擊
　相同部位（如圖4）。

⑤繼續以右豎拳作同部
　位攻擊，並扭轉左臂
　向上架起（如圖5）。

⑥姿勢不動，左臂向左
　大幅下揮（如圖6）。

5〜6的正面圖

⑦雙臂扭轉，由下而上交叉成十字形向上托
　起（如圖⑦）。
⑧雙臂順扭轉之勢，向左右兩側揮轉（如圖
　⑧）。
⑨旋轉之雙臂，由下而上向前架出成十字形
　（如圖⑨）。
⑩雙手仍交叉，左腳跨出成坐盤式，並使雙
　手置於胸前（如圖⑩）。
　（⑥～⑩的動作不可間斷，必須一氣呵成）

7～10的正面圖

9

10

⑪左脚獨立，右脚上踹（脚刀部分），或以脚底之前、中段勁踢，雙臂成コ字形彎曲，並同時向左右張開（如圖⑪）。

⑫踢出之右脚前跨成四六式，右掌前撥，收左拳於腰際（如圖⑫）。

⑬右手如捲敵之手般拉回至腰際，重心移轉探取弓式，並以左豎拳前擊肩部高度（如圖⑬）。

⑭迅卽換右豎拳攻擊相同部位（如圖⑭）。

⑮繼續再以左豎拳作同部位攻擊，並扭轉右臂向上架起（如圖⑮）。

⑯姿勢不動，但將右臂向右旋轉（如圖⑯）。

⑰旋轉之右臂由下至上，與左臂交叉而成十字形，並同時向上
　托起（如圖⑰）。

⑱繼續旋轉雙臂
，向外揮出，
並由下而上重
新交叉在一起
（如圖⑱）。
⑲交叉之雙臂緊
靠身體，右脚
外跨成坐盤式
，雙臂置於胸
前（如圖⑲）。
⑳右脚獨立，提
左脚向前方中
段踹腿踢擊，
雙臂成ㄈ字形張開（如圖⑳）。
㉑踢出之左脚跨前成四六式左掌前推，收右掌於腰際（如圖㉑
）。
㉒踩弓步，以右豎拳由肩部高度前擊，左手如捲敵般拉回至腰
際（如圖㉒）。

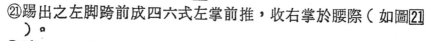

20　　　　　21

㉓迅即以左豎拳攻擊相同部位（如圖㉓）。

㉔繼續以右豎拳再攻擊相同部位，並扭轉左臂向上架起（如圖㉔）。

㉕姿勢不動，但左臂大幅旋轉至身體側面（如圖㉕）。

24　　　　　25

㉖雙臂交叉，由下而上托起（如圖㉖）。

㉗雙臂再向左右方旋轉（如圖㉗）。

㉘雙臂自下前揮成交叉狀（如圖㉘）。

㉙收縮身體成坐盤式，雙手抱胸（如圖㉙）

㉚左脚獨立，提右脚向前方中段踹腿而出，雙臂成ㄇ字形向左右張開（如圖㉚）。

㉛踢出之右脚跨前成弓式，左掌豎立，畫一弧形劈向前方，並收右拳於腰際（如圖㉛）。

㉜雙腿迅速併攏，以右豎拳向右方肩部高度擊出（如圖㉜）。

26

29

30

27

28

31

32

## 第八路　蹬　踹

①預備式（如圖 1 ）。

②左腳跨前一步成四六式，左掌前推，右手握拳置於腰際（如圖 2 ）。

③右腳踏前成弓式，並以右豎拳向肩部高度擊出，左掌如捲敵手般拉回至腰際（如圖 3 ）。

④雙腿併攏，重心移落左腳，右腳尖點地為虛式，並以左豎拳向肩部高度擊出，擊出之方向為身體側面（如圖 4 ）。

⑤姿勢不變，雙臂由下交叉向上架起於面前（如圖 5 ）。

⑥雙臂繼續向左右兩側撥開（如圖 6 ）。

⑦雙臂大旋後收回交叉於胸前，面則朝右方（如圖 7 ）。

　　（⑤～⑦的動作不可中斷，必須一氣呵成）

⑧左腳獨立，右腳跟壓出，蹬腿踢擊，雙臂則呈コ字形撥開（如圖 8 ）。

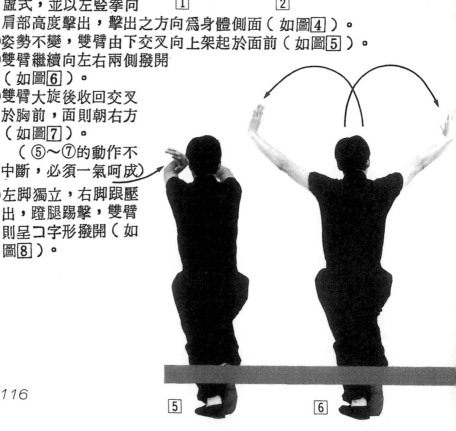

1

2

5

6

3  4

7  8

⑨踢出之脚後收，落實成半坐盤式，左拳收於腰際，動作於瞬
　間完成（如圖⑨）。
⑩左腿後收成弓式，配合左豎拳向前方肩部高度擊出，右拳收
　於腰際（如圖⑩）。
⑪右脚向外扭轉（如圖⑪）。
⑫提左脚彈腿而出，並以右豎拳前擊，由前面看，鼻尖、拳及
　脚尖三者成一直線（如圖⑫）。
⑬踢出之腿收於後成半坐盤式，並以左豎拳向前方肩部高度擊

　　出，收右拳於腰際（如圖⑬）。

⑭姿勢不動，雙臂由下向前交叉架起（如圖⑭）。

⑮雙臂順勢向上托起（如圖⑮）。

⑯上托之雙臂向左右大幅廻旋，再度交錯於胸前，面部則朝向
　右方（如圖⑯）。（⑭～⑯的動作必須一氣呵成）。

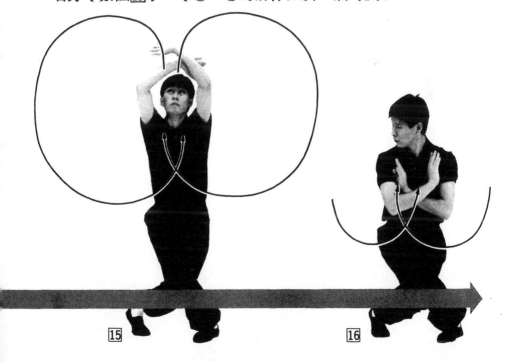

⑰左脚獨立，提右腿以脚刀或脚底向對方中段踢出踹脚，雙臂
　張開成コ字形（如圖⑰）。
⑱踢出之右脚跨前落實成四六式，右掌前推並收左拳於腰際（
　如圖⑱）。
⑲左脚跨前成弓式，以左豎
　拳擊向前方肩部高度，並
　收右拳於腰際（如
　圖⑲）。
⑳雙腿併攏，重心
　移落右脚，而以
　右豎拳向右方肩
　部高度擊
　出，並豎
　左掌托於右
　肩（如圖⑳）。
㉑姿勢不動，雙臂
　由下交叉於胸前
　（如圖㉑）。

120

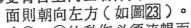

㉒順勢向上架起（如圖㉒）。
㉓雙臂自上向左右作大幅廻旋，回收後交叉於胸前，
　面則朝向左方（如圖㉓）。
　（㉑～㉓的動作必須流暢而不停滯）。
㉔右腳獨立，提左腳以腳底
　向對方中段踢出蹬腳，雙
　臂則向外猛力撥開（如圖
　㉔）。

㉕迅速將踢出之左脚後收並落實爲半坐盤式,右手握拳收於腰
　際,動作在一瞬間同時完成(如圖㉕)。
㉖退右脚成弓式,而以右豎拳向前方肩部高度擊出(如圖㉖)。
㉗左脚向外扭轉(如圖㉗)。
㉘提右脚彈腿而出,並以右豎拳前擊(如圖㉘)。
㉙將踢出之右脚後收落實成半坐盤式,並以右豎拳向前方肩部
　高度擊出,而將左拳收於腰際(如圖㉙)。

㉚姿勢不動，雙臂由下向前交叉於胸前（如圖㉚）。
㉛順勢向上托起（如圖㉛）。
㉜上托之雙臂向左右作大幅度廻旋，回收後再度交叉於胸前，
　面部則朝左方（如圖㉜）。（㉚～㉜的動作必須流暢不可停滯）

33

34

㉝右腳獨立，提左腳以腳刀或腳底向對方中段踢出踹腳，
　雙臂展開爲ㄈ字形（如圖㉝）。
㉞將踢出之左腳跨前而成四六式，左
　掌前推並收右拳於腰際（如圖㉞）。
㉟右腳跨前成弓式，並以右豎拳向前
　方肩部高度擊出（如
　圖㉟）。
㊱雙腿併攏，重心移落
　左腳，以左豎拳向左
　方肩部高度擊出，並
　豎右掌托於左肩（如
　圖㊱）。
㊲雙臂由下向前交叉架
　出（如圖㊲）。
㊳順勢向上猛力朝左右
　外撥（如圖㊳）。

37

38

㉟外撥之雙臂回收後再度交叉於胸前，面部則朝向右方（如圖
　㊴）。
㊵左腳獨立，提右腿向對方中段踢出蹬腳，
　並以雙臂猛力外撥（如圖㊵）。

㊶將踢出之右脚後收，落實成半坐盤式，並收左拳於腰際（如圖㊶）。

㊷左脚後跨落實爲方式，並以左豎拳擊向前方肩部高度（如圖㊷）。

㊸右脚向外扭轉（如圖㊸）。

㊹提左脚彈腿而出的同時，以右豎拳前擊（如圖㊹）。

㊺將踢出之左脚後收，落實而成半坐盤式，並以左豎拳向肩部

43  44

　高度擊出（如圖⑮）。
⑯雙臂自下交叉於胸前（如圖⑯）。
⑰迅速向上托起（如圖⑰）。
⑱托起之雙臂向左右作大幅度廻旋，回收後再度交叉於胸前（
　　　　　　　　　　　　　　　　　　　　如圖⑱）。

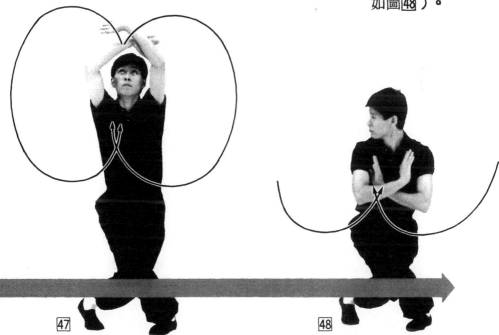

47  48

㊽左脚獨立，提右腿
　向上踢出踹脚，並
　以雙臂向外猛力撥
　開（如圖㊽）。
㊿踢出之右脚前跨而
　成弓式，並以左掌
　畫弧形向外推出，
　右手則握拳收於腰
　際（如圖㊿）。
51迅速併攏雙腿，出
　右豎拳擊向右方肩
　部高度，而以左掌
　托於右肩（如圖51
　）。

## 第九路　碰　鎖

①預備式（如圖1）。

②向左後斜轉45度，提左腳成
　獨立式，並收雙掌於腰際（
　如圖2）。

③左腳前跨（原來的斜後方）
　成弓式，雙掌相接，小指側
　齊平，朝前方下段按出（如
　圖3）。

1

2

3

④左脚向外扭轉（
　如圖④）。
⑤雙手如鈎，迅卽
　擺向後方，並提
　右脚彈腿而出（
　如圖⑤）。
⑥踢出之右脚跨前
　成弓式，雙臂前
　伸，交叉於右膝
　之前（如圖⑥）
　。
⑦順勢向上將雙臂
　托起，然後彈身
　跳躍，左右開弓
　作連續上踢（如
　圖⑦～⑩）。

⑧向右後斜轉45度，踢出之腳回收仍呈金鷄獨立式，雙手則握
　拳收於腰際（如圖⑪）。

⑨右脚前跨成弓式，雙掌相接，小指齊平，朝前按出（如圖⑫）。

⑩右脚向外扭轉（如圖⑬）。

⑪雙手如鈎，迅速擺向後方，並提起右脚彈腿而出（如圖⑭）。

⑫踢出之脚前跨成弓式，雙臂前插交錯於左膝前方（如圖⑮）。

⑬順勢以雙臂向上撥開，並且彈身跳躍，先右後左作連續上踢（如圖⑯～⑲）。

⑫　　　　　⑬

⑰

⑯

132

14

15

18

19

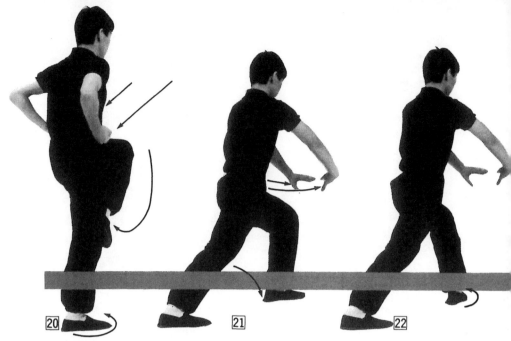

⑭向左後斜轉45度，收腿而
　成金鷄獨立式，雙手則握
　拳於腰際（如圖20）。
⑮左腳前跨成弓式，雙掌
　相接，小指側齊平，朝
　前按出（如圖22）。
⑯左腳向外扭轉（如圖23
　）。
⑰雙手如鈎，迅速擺向後
　方，並提右腳彈腿而出
　（如圖24）。
⑱踢出之腳前跨而成弓式
　，雙手前插交錯於右膝
　之前（如圖25）。
⑲雙臂向上往外撩撥，彈
　身躍起，先左後右作連
　續踢擊（如圖25～28）
　。

23　　24

27　　28

⑳右脚向正右方橫跨，落實爲弓式，左掌畫弧朝前劈出（如圖
　㉙）。
㉑雙腿迅卽併攏，以右豎拳向右方肩部高度擊出，左掌則托於
　右肩（如圖㉚）。

# 第十路　箭　罩

①預備式（如圖 1 ）。

②左脚跨前一步，落實為弓式，左手向左大幅外旋並收於腰際，動作必須在一瞬間完成（如圖 2 ）。

③繼續以右脚跨前一步成弓式，左掌朝上前推，攻擊對方喉部（如圖 3 ）。

1

2

3

④雙掌迅速收回，平接
　於胸前（如圖④）。
⑤雙掌向前後撥開，彈
　身而起，先左後右作
　連續上踢（如圖⑤～
　⑧）。
⑥右脚前跨成弓式，右
　臂作大幅廻旋收於腰
　際，動作在一瞬間完
　成（如圖⑨）。
⑦左脚跨前一步成弓式
　，右掌朝前，刺向對
　方喉部（如圖⑩）。

6

7

9

10

⑧迅速交併雙掌於胸前（如圖
　⑪）。
⑨雙掌一前一後若彈開狀向外
　撥出，彈身躍起，先右後左
　作連續上踢（如圖⑫～⑭）
　。
⑩左脚跨前成弓式，並將左手
　作大幅廻旋而收於腰際（如
　圖⑮）。
⑪右脚跨前一步成弓式，左掌
　朝前刺向對方喉部（如圖⑯
　）。
⑫然後再迅速接併雙掌於胸前
　（如圖⑰）。

11

14　　15

12

13

16

17

⑬雙掌一前一後若彈開狀向外撥出，彈身躍起，先左後右作連續上踢（如圖⒅～㉑）。

⑭右脚跨前落實爲弓步，豎左掌畫一弧形朝前推出（如圖㉒）。

⑮迅收左脚與右脚靠攏，以右豎拳向右方肩部高度畫出，左掌則托於右肩（如圖㉓）。

⑯垂雙手，調勻呼吸，結束拳式（如圖㉔）。

⒅

㉑　　　　㉒

19    20    23    24

# 四路查拳

## 練習的目的以及要領

練習十路彈腿，獲得相當程度的下盤穩定性及踢腿技巧之後，接著要學習其中的勁道，使能一氣呵成，並分出緩急強弱，以及熟習跳躍起伏的技巧。這裡介紹的四路查拳，正適合這方面的練習。

雖然，個別的動作技巧只要依樣畫葫蘆，多練幾次便行，但是，整個套路的流程以及型式的流轉，却必須藉機多觀摩別人的練法，才能充分理解。定式及姿勢必須注意掃出及大劈的動作在整個套路中所表現出的節奏，因為其動作的風格都蘊含各門派所特有的秘訣。

有關查拳的風格，詳述如下：

「閃展騰挪，起伏轉折等動作必須大幅伸展，並且要迅速敏捷，個別的動作間則要劃分清楚。擺動的幅度及移動的範圍都大，高抬之勢要如頂天際，低俯之姿則若貼地進行。經由套路的流轉，快速之處要迅疾如風，施力之時則要有剛猛之勢，定型之際更要馬上達到靜止穩定狀態。如此才能將迅、猛、靜三者結合成協調的韻律，不可稍有停滯，方能予人輕快、靈活的印象。」

練習時，如拳諺云：「慢拉架子、快打拳、急打招」般，先慢慢作動作，並留各動作及方向，待習慣之後，便能逐漸流暢，順利完成整個動作。呼吸必須自然，套路中有固定的姿勢要畫弧形以及跑步動作，可以配合練習的場所作適當的調整。

## 四路查拳的動作名稱及進行路線

這裡所介紹的四路查拳，很遺憾並沒有拳譜（記載各動作的

144

名稱）流傳下來，因此有許多路數的名稱都已不可考，特別參照「四路查拳」、「五路查拳」、「查拳總合套路」、「查拳、華拳」等書，依筆者之便予以命名。透過傳統而古雅的舊名，可將動作的要領簡潔的表達出來（比如白鶴亮翅、順風擺柳等等），晚近則僅以手腳姿勢的特點爲名的居多（比如虛步亮掌、弓步架打等等）。

　　四路查拳的進行路線相當複雜，尤其是初學長拳派武術之人，對於其左右、斜側以及前後的變換方向，經常會相互混淆而摸不清方向。因此，初學者應以練習場所的樹木及景物爲依據，習慣之後便能在任何場所都運用自如。俗云「拳打臥牛之地」，狹窄之處有狹窄之處的打法，寬廣處也有寬廣處的打法，自己必須對周圍的空間作出瞬間的判斷，步伐不可混亂（動作也不可忽起或忽止），此乃套路進行的要領。

# 四路查拳路線圖

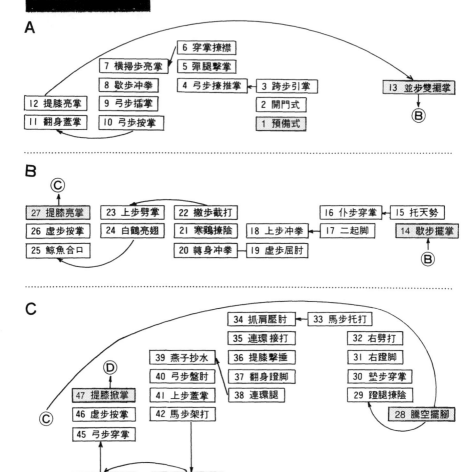

**A**

| 6 穿掌撩襟 |
| 7 橫掃步亮掌 | 5 彈腿擊掌 |
| 8 歇步冲拳 | 4 弓步撩推掌 | 3 跨步引掌 |
| 12 提膝亮掌 | 9 弓步揷掌 | 2 開門式 | 13 並步雙擺掌 |
| 11 翻身蓋掌 | 10 弓步按掌 | 1 預備式 | Ⓑ |

**B**

Ⓒ

| 27 提膝亮掌 | 23 上步劈掌 | 22 撤步截打 | 16 仆步穿掌 | 15 托天勢 |
| 26 虛步按掌 | 24 白鶴亮翅 | 21 寒鷄撩陰 | 18 上步冲拳 | 17 二起脚 | 14 歇步擺掌 |
| 25 鯨魚合口 | 20 轉身冲拳 | 19 虛步屈肘 | Ⓑ |

**C**

| 34 抓肩壓肘 | 33 馬步托打 |
| 35 連環接打 | 32 右劈打 |
| 39 燕子抄水 | 36 提膝擊捶 | 31 右蹬脚 |
| 47 提膝掀掌 | 40 弓步盤肘 | 37 翻身蹬脚 | 30 墊步穿掌 |
| 46 虛步按掌 | 41 上步蓋掌 | 38 連環腿 | 29 蹬腿撩陰 |
| 45 弓步穿掌 | 42 馬步架打 | 28 騰空擺腳 |
| Ⓒ | | Ⓓ |
| 44 歇步擊掌 | 43 弓步雙捶掌 |

**D**

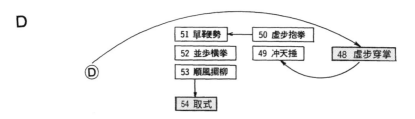

| 51 單鞭勢 | 50 虛步抱拳 | 49 冲天捶 | 48 虛步穿掌 |
| Ⓓ | 52 並步橫拳 |
| 53 順風擺柳 |
| 54 取式 |

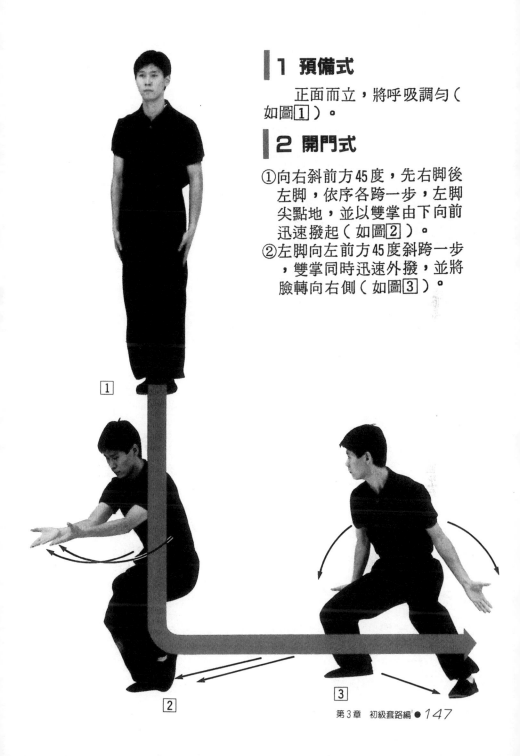

## 1 預備式

　　正面而立，將呼吸調勻（如圖①）。

## 2 開門式

①向右斜前方45度，先右脚後左脚，依序各跨一步，左脚尖點地，並以雙掌由下向前迅速撥起（如圖②）。

②左脚向左前方45度斜跨一步，雙掌同時迅速外撥，並將臉轉向右側（如圖③）。

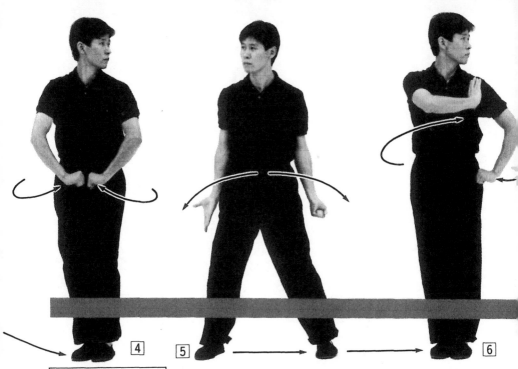

臂扭轉，握拳於腰際，以右
掌托左肩，並將臉轉向左方
（如圖6）。

## 4 弓步撩推掌

①身體左轉，抬左腿成獨立式
，右臂上提至頭頂，左手下
掃至膝蓋周圍。各動作必須
一舉完成（如圖7）。
②左腳跨前成弓步，右手大幅
後揮，右掌拇指向上朝前擊
起，而以左掌托於右肩（如
圖8～9）。
③擊起之右掌其勢不停，回收
後覆於耳際，左掌尖向內置
於左膝之上（如圖10）。

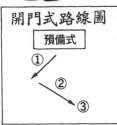

③迅收右腳，與左腳併攏，並
置雙拳於丹田之前，兩拳相
對，面向左方（如圖4）。

## 3 跨步引掌

①左腳向左橫跨一步，雙手外
分，撇向身體兩側，右手爲
掌，左手握拳。面向右前方
斜轉45度，動作必須在一瞬
間完成（如圖5）。
②收右腳與左腳併攏，整支左

7　　　8

9　　　10

④右掌朝前，向肩部高度直捶
　　而出（如圖⑪）。
　　　（①～④爲連續動作，必
須一次完成。）

## ▌5 彈腿擊掌

①由先前之姿勢　迅卽起右脚
　　彈腿而出，並收右拳於腰際
　　，而以左掌拍擊右脚（如圖
　　⑫）。
②踢出之右脚後收，落實而成
　　弓式，利用反彈之勢將右掌
　　向前勁擊，並收左拳於腰際
　　（如圖⑬）
　　。

## ▌6 穿掌撩襟

①右手腕略爲勁轉，翻掌而出
　　（如圖⑭～⑮）。

⑪

⑭　　⑮

12

13

②幾乎就在①動作的同時，右
　臂屈肘後收，左掌尖朝前，
　沿右掌上方刺向對方喉部（
　如圖16）。

③重心移落右脚，轉體向後，
　左臂朝面前格出，並收右掌
　於腰際（如圖17）。

16

17

18　　　　　　　　19

④左脚迅速前移成虛式，左手
　如鈎向後挑出，並舉右掌托
　於頭頂（如圖18）。

④收左脚跨出，過右臂上方落
　實而爲四六式，並出左拳作
　中段前擊（如圖22～23）。

## 7 橫掃步亮掌

①姿勢不動，向左後方45度以
　活面脚銳踢而出（如圖19）。
②踢出之脚在空中卽向左後方
　斜跨而出成仆式（如圖20）。

## 8 歇步沖拳

①右脚自左脚後方跨出，收左
　拳於腰際，並以右掌自上向
　前按出（如圖21）。

橫掃步亮掌
之步法圖

右脚

左脚

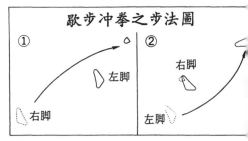

歇步沖拳之步法圖

①
　　左脚
右脚

②
右脚
左脚

20 21 22

## 9 弓步插掌（橫掃探海勢）

①自原位以左活面腳踢擊，踢
出後再回收至軸腳側，左掌
於踢出之同時大幅向右撥回
，並托於右肩（如圖24）。

23

24

153

②踢出之脚未着地之前便迅速
外伸，落實爲仆式（如圖25
）。

③以左手向前方大幅下揮，並
配合重心移落前脚改採弓式
，右掌尖朝前，向下刺出，
掃出之左手化爲鈎狀，繼續
朝後揮出（如圖26～27）。

④姿勢不動，右手腕略微銳轉
，右臂屈肘後收，左掌尖朝
前擦過右掌上方，向前方下
段刺出（如圖28～30）。

## 10 弓步按掌

①左手化爲鈎狀，而以右
掌托於左臂內側(如圖31)。

②右手由下向後繞，作大幅旋轉，並自上轉回前方再切於左臂內側（如圖32～33）。

## 11 翻身蓋掌

①雙腿位置不動，轉身向後爲弓式，然後再將重心移落右脚改採虛式，（如圖34～35）。

②雙手雙舉，由下向後旋抬，再由上廻旋向前，左手如鈎，右手化掌，交架於身前（如圖36～37）。

## 12 提膝亮掌

①提左脚成獨立式，雙臂由下而上向前後揮出（如圖38）。

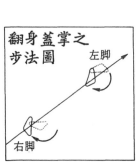

翻身蓋掌之步法圖

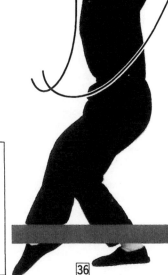

34 35

37 38

39

40

②由此姿勢畫大半圓跨步跑，
　然後變為並步雙擺掌（如圖
　39～41）。

## 13 並步雙擺掌

①跨步跑時，當右脚在前便向

後揮雙拳（如圖42）。
②左脚向右脚靠攏，雙手收回
　至胸前（瞬間完成）（如圖
　43）。
③雙膝挺直，並以雙掌同時向
　右方45度斜擊而出（如圖44
　）。
④左脚跨前一步，膝
　蓋微彎，並化右手
　如鈎，收左拳於腰
　際（如圖45）。

```
穿掌撩襟至提
膝亮掌之
流程圖
                    ┌──────────┐
                    │ 10 弓步按掌 │
                    └──────────┘
              ┌──────────┐        ┌──────────┐
              │ 9 弓步插掌 │        │ 11 翻身蓋掌 │
              └──────────┘        └──────────┘
          ┌──────────┐            ┌──────────┐
          │ 8 歇步冲拳 │            │ 12 提膝亮掌 │
          └──────────┘            └──────────┘
      ┌──────────┐
      │ 7 橫掃步亮掌 │
      └──────────┘
  →   ┌──────────┐      （左斜後方45度）
      │ 6 穿掌撩襟 │
      └──────────┘
┌──┐
│正│
│面│
└──┘
```

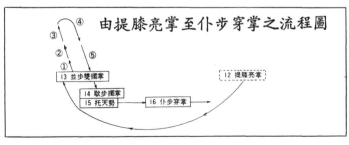

由提膝亮掌至仆步穿掌之流程圖
```
        ④
    ③  │
  ②  │ │ ⑤
  ① │ │ │
┌──────────┐                    ┌──────────┐
│13 並步雙擺掌│                    │ 12 提膝亮掌 │
└──────────┘                    └──────────┘
    ┌──────────┐
    │14 歇步擺掌 │
    ├──────────┤   ┌──────────┐
    │15 托天勢  │ → │ 16 仆步穿掌 │
    └──────────┘   └──────────┘
```

41　42　43　44　45

46　47　48

⑤收右腳向左腳靠攏，膝蓋挺
　直，並以左掌向左拍出（如
　圖46）。

## 14 歇步擺掌

①左腳向左橫跨一步成弓式，
　收右拳於胸前，並置左拳於
　身後（如圖47）。
②右腳向左腳後方橫跨而出成
　坐盤式，右手托於身前，左

手架向頭頂（如圖48）。

## 15 托天勢

　　以右腳為軸起身而立，並
以右掌向上，左掌向下，一舉
畫開（如圖49）。

## 16 仆步穿掌

　　左腳向左橫跨而出成為仆
　式，並同時以雙
　掌向外揮開（如
　圖50）。

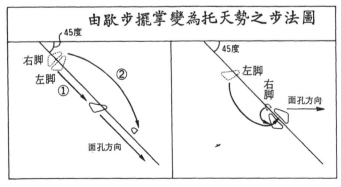

由歇步擺掌變為托天勢之步法圖

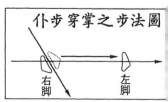

仆步穿掌之步法圖

49

50

## 17 二起脚

①挺身向上成為弓式，左掌上

托，並隨卽以右脚跨前一步
（如圖51～52）。

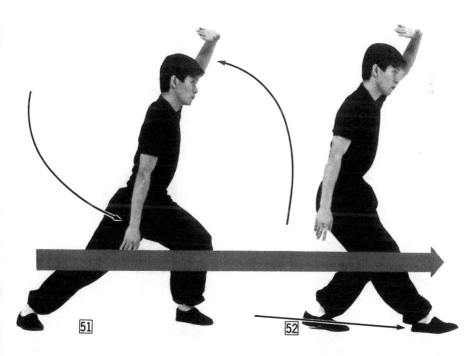

51

52

53 54 56

②左手向後，右手朝前大幅揮出，騰身躍起，先左後右，連續起腳上踢，雙臂繼續廻旋，著地後右手向後，左手向前伸出（如圖53～56）。

## 18 上步沖拳

左腳跨前成四六式，出右拳前擊前方中段部位（如圖57）。

**55**

**57**

57的背面圖

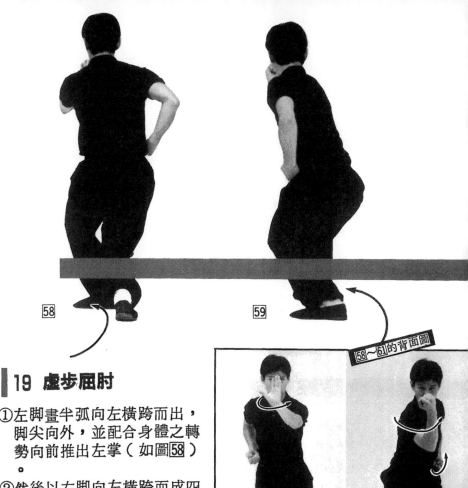

58　　　　　　　　　　59

58～61的背面圖

## ▌19 虛步屈肘

①左脚畫半弧向左橫跨而出，
　脚尖向外，並配合身體之轉
　勢向前推出左掌（如圖58）
　。

②然後以右脚向左橫跨而成四
　六式，右臂由內向外扭轉，
　收左拳於腰際，動作必須緩
　緩進行（如圖59）。

## ▌20 轉身沖拳

①右脚向右，朝原先方向跨出
　，並豎右掌由內向外撥出（
　如圖60）。

②動作不停，跨出左脚成四六
　式，出左拳擊向前方中段（
　如圖61）。

60　　　61

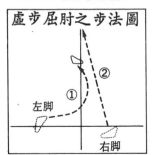

虛步屈肘之步法圖

左脚　　①　②　　右脚

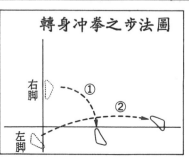

轉身沖拳之步法圖

右脚　　①　　②　　左脚

## 21 寒雞撩陰

迅卽將重心移落左脚，並提右脚靠向左膝後方，以右陽拳由下而上擊向前方下段，左手則拍擊右臂（如圖 62）。

## 22 撤步截打

迅速彈身向後跳回，落爲虛式，抽回右拳，收至腰際，左掌朝前直壓而出（如圖 63）。

## 23 上步劈掌

① 收左脚向右脚靠攏，整支左臂向內扭轉，並收身縮體（如圖 64）。
② 左脚大幅跨出，左臂由下而上作大廻旋揮出（如圖 65）。

③ 右脚跨出一步，並順勢將整

166

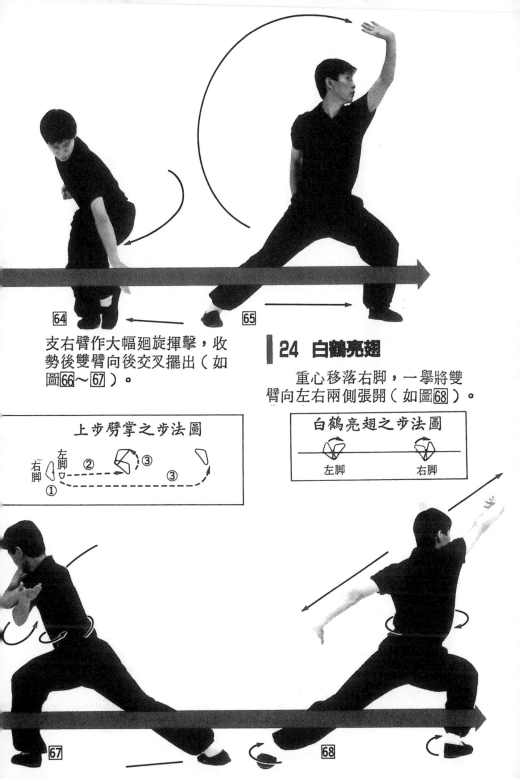

64

65

支右臂作大幅廻旋揮擊，收勢後雙臂向後交叉擺出（如圖66～67）。

## 24 白鶴亮翅

重心移落右脚，一舉將雙臂向左右兩側張開（如圖68）。

上步劈掌之步法圖

右脚 左脚 ② ③
① ③

白鶴亮翅之步法圖

左脚　　　右脚

67

68

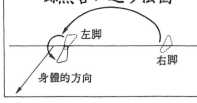

鯨魚合口之步法圖

左脚

右脚

身體的方向

，並化左手爲鉤狀（如圖71～72）。

## 25 鯨魚合口

①左脚爲軸，轉身向左斜轉45度，雙手相接，手腕交合，右脚提起，貼於左膝後側（如圖69）。

②右脚後收爲虛式，雙手腕向右旋成爲左手在上之勢（如圖70）。

## 26 虛步按掌

姿勢不動，右手向後大揮而出，由上揮落貼於左臂內側

71

72

## 27 提膝亮掌

①左膝向上提起成爲獨立式，
　雙臂向前後展開（如圖73）。

②保持該姿勢，畫一半圓跨步
　跑出，然後再化爲騰空擺脚
　（如圖74～77）。

74

75

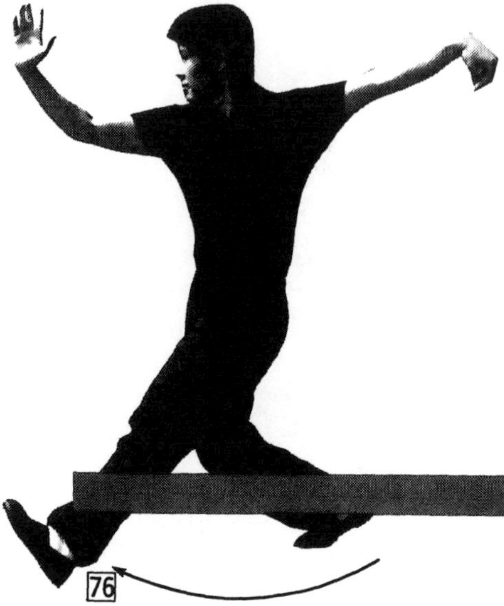

76

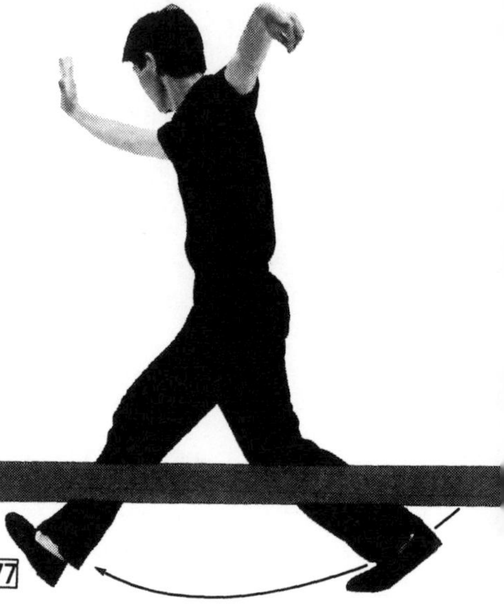

77

## 28 騰空擺脚

①先將左脚由外而內廻旋踢出，並以左手自左向右大幅擺出，而且和右掌相擊（如圖78～79）。

②以右脚騰空躍起，①之姿勢不可破壞，然後轉體向右，以右擺脚向後踢擊，右手則拍擊踢出之右脚（如圖80～82）。

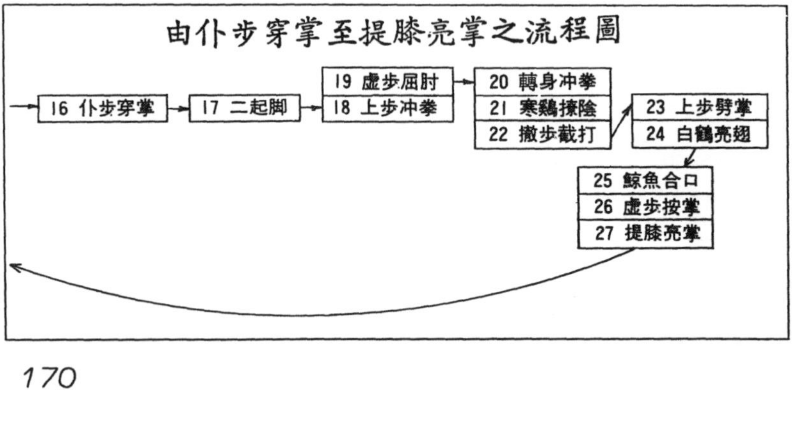
由仆步穿掌至提膝亮掌之流程圖
16 仆步穿掌
17 二起脚
19 虛步屈肘
18 上步冲拳
20 轉身冲拳
21 寒鷄擦陰
22 撤步截打
23 上步劈掌
24 白鶴亮翅
25 鯨魚合口
26 虛步按掌
27 提膝亮掌

騰空擺腳之背面圖

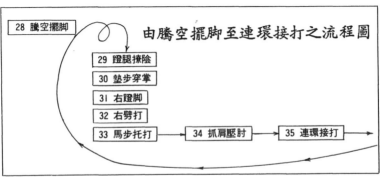

由騰空擺腳至連環接打之流程圖

28 騰空擺腳

29 蹬腿撩陰
30 墊步穿掌
31 右蹬腳
32 右劈打
33 馬步托打 → 34 抓肩壓肘 → 35 連環接打 →

83　　　　　　84　　　　　　85

## ▌ 29　蹬腿擦陰

①由前式著地之後，迅即以右
　脚跨前為坐盤式，同時化右
　手為鈎向後揮出（如圖83）。
②以左脚跟朝前高踢而上，收
　腿落地前以左手向脚之外側
　挑出，然後採取虛式推出左
　掌（如圖84～85）。

## ▌ 30　墊步穿掌

①迅速收右脚向左脚靠攏，左
　脚呈反射性向前跨出，並收
　左拳於腰際（如圖86）。

②左脚跨前一步成弓式，左掌
　尖朝前刺出，右手仍維持鈎
　手（如圖87）。

## ▌ 31　右蹬脚

　　姿勢不變，以右蹬脚向前
上踢而出（如圖88）。

## ▌ 32　右劈打

　　踢出之右脚前跨而出，以
左臂自面部前方向右畫一圓弧
，向外撥出，然後將重心移落
至右脚，採取弓式，並以右掌
之小指側朝左掌擊落（如圖89
～90）。

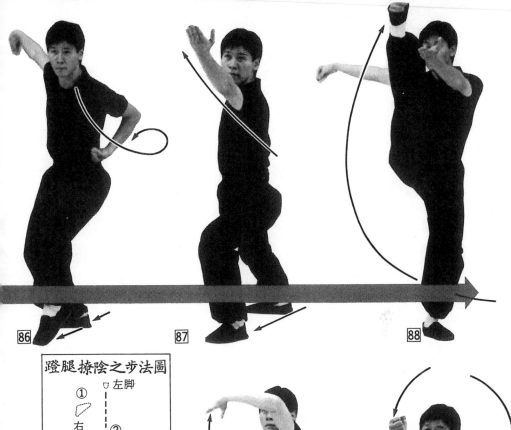

86

87

88

蹬腿撩陰之步法圖

① 左脚

右脚 ②

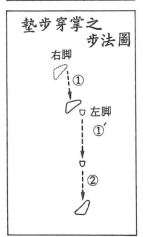

墊步穿掌之步法圖

右脚
① 左脚
①′
②

89

90

91　92　93

## 33 馬步托打

①推左掌向右臂外側擊出，左脚
靠向右脚成虛式，右拳則略爲
收回（如圖 91～92 ）。
②左脚向左橫跨而出成爲馬式，
並以右豎拳向前方中段捶出，
左掌則托於右肩（如圖 93 ）。

## 34 抓肩壓肘

①迅將右脚自左脚後方跨出，並
以右手抓左肩，而將左掌之背
側如鞭般向外甩出（如圖 94 ）
。
②左脚向左橫跨一步，右手按於
左肩，屈左肘作大幅廻旋，由
上而下以全身之勁擊落，同時
採取仆式（如圖 95～96 ）。

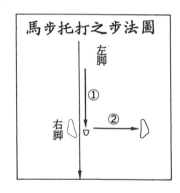

馬步托打之步法圖

左脚

①

右脚

②

## 35 連環接打

①右脚踏地，挺身而成爲方式，
並以右橫拳向前方上段擊出，
面部稍垂，埋於右肩之中，藉
以保護頭部（如圖 97 ）。

176

94　95

96　97

抓肩壓肘之步法圖

① 
右腳 ⟨ 　　左腳 ⟨
②

98

99

②迅卽改採馬式，並以左豎拳向前方中段畫出，右拳則向上架起（如圖98）。

（①～②的動作必須一氣呵成）

## 36 提膝擊捶

提左膝向上成為獨立式，以右豎拳向右方上段前擊而出，並置左拳於耳側（如圖99）。

## 37 翻身蹬脚

迅卽轉身向左，以左蹬脚向左如踏脚般踢腿而出，同時出左豎拳向前方上段擊出，並收右拳於耳側（如圖100）。

（36～37間不容髮，必須一氣呵成）

178

## 38 連環腿

①先左後右，以手臂向面前掃出，並以右脚騰身而起，使用右半旋風脚向前踢出，左手如鈎向後擺出（如圖101～104）。

102

100

101

103

104

105　106　107

②間髮不容，迅即再依右手、左手之順
序向面前掃出，以左腳彈身而起，使
用半左旋風腳向前踢出（如圖105～108）。

## 39 燕子抄水

　　以連環腿著地之後，迅即以左腳向
前滑出成爲仆式，收右拳於腰際，並以
左掌托向右肩（如圖109）。

## 40 弓步盤肘

　　挺身向上採取弓式，橫右
肘向前擺盪擊出，並抬左掌向
上托起（如圖110）。

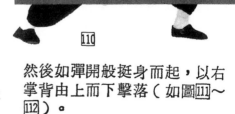

110

## 41 上步蓋掌（迎面掌）

　　右脚前跨而出，左掌由上
壓下，收於胸前，收身縮體，

然後如彈開般挺身而起，以右
掌背由上而下擊落（如圖111～
112）。

180

108

109

111

112

上步蓋掌之步法圖

左
腳

右
腳

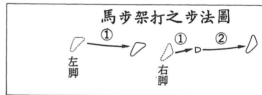

馬步架打之步法圖

① ②
左 右
脚 脚

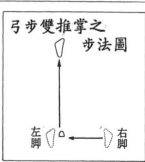

弓步雙推掌之
步法圖

左 右
脚 脚

## 42 馬步架打

①左腳迅卽靠向右腳，右腳則
　呈反射性彈開，滑進爲虛式
　，收右拳於腰際，並抬左掌
　向上托起（如圖113）。

②右腳大步跨出成爲馬式，而
　以右豎拳向中段擊出（如圖
　114）。

## 43 弓步雙推掌

　　右腳向左腳收攏，雙掌作

覆耳狀，右膝提起，右腳向前
跨出成爲弓式，雙掌齊平前擊
而出（如圖115～117）。

182

115　　　　　　116　　　　　　117

114～117的背面圖

114～117的側面圖

118

119

## ▌44 歇步擊掌

①以右脚為軸，將左脚後移，並配合轉體之勢，將右掌向左後45度斜劈而出，收左掌於右臂下方（如圖118）。

②重心移落左脚，左掌擦著右臂自下向上揮出，收右拳於腰際（如圖119）。

③右脚一舉後滑，落實為弓式，並藉其反彈之勢，出右掌向前方強擊而出（如圖120）。

## ▌45 弓步穿掌

姿勢不動，扭轉右手手腕

歇步擊掌之步法圖

右脚

身體的方向

左脚

馬步架打至歇步擊掌之流程圖

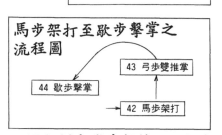

43 弓步雙推掌

44 歇步擊掌

42 馬步架打

，迅即以左掌尖朝前，向對方喉部高度刺出，右臂屈肘後收，托於左臂下方（如圖121～123）。

120

121

122

123

由提膝掀掌至收式之流程圖

54 收式
53 順風擺柳
52 並步橫拳
50 虛步抱拳 → 51 單鞭勢
49 冲天捶
48 虛步穿掌                    47 提膝掀掌

## 46 虛步按掌

　　化左手爲鉤手，重心移落右脚成爲虛式，右手向後，大幅廻旋揮出，並前托於左手腕之側（如圖124〜126）。

## 47 提膝掀掌

①兩手腕收至身前，左脚上提成獨立式，雙手向前後撥開（如圖127〜128）。

②保持該姿勢，畫半圓弧跨步跑出，然後變爲虛步穿掌，（如圖129〜130）。

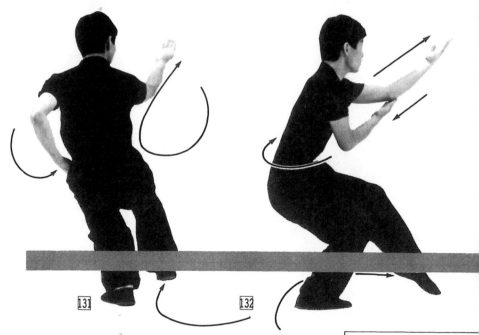

[131]  [132]

## 48 虛步穿掌

①左脚前移之時，以右手握拳
　於腰際，然後右脚跨前成虛
　式，並以右掌尖朝前向喉部
　高度刺出，而收左拳於腰際
　（如圖[131]）。
②在間髮不容之際，左脚前跨
　爲虛式，以左掌尖朝前，刺
　向對方喉部高度，右臂屈肘
　後收，貼於左肘下端（如圖
　[132]）。

## 49 冲天捶

①左脚尖向內扭轉，配合轉體
　之勢，將左臂朝內扭轉，交
　錯於身前（如圖[133]）。
②雙臂自右作大幅度廻旋，左
　脚向右脚靠攏，置右拳於丹

田之前，左
掌則擺至額
前（如圖[134]
）。
③挺身而起，
抬右拳向上
作托擊之勢
，並出左掌
向下壓出（
如圖[135]）。

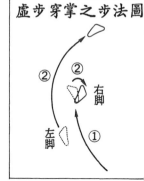

虛步穿掌之步法圖

②　②　右
　　　脚
左　　①
脚

## 50 虛步抱拳

　　右脚猛力下踩，左脚懸虛
，以脚尖點地，並收雙拳相對
交合於胸前，面部則朝向左方
（如圖[136]～[137]）。

冲天捶之步法圖

左脚

①

②　②

右脚

133　134　135　136　137

138

## 51 單鞭勢

左腳迅速向左橫移,採取弓式,雙拳分別向前後展開(如圖138)。

## 52 並步橫拳

左腳向右腳靠攏,左拳朝身體正面旋揮而出,而以右掌托於左肩(如圖139)。

## 53 順風擺柳

以左拳向身體左側掃出,挺身而起成立姿,並朝身體正面揮出右掌,掃出之左臂肘略彎,抬至與肩同高(如圖140~141)。

## 54 收 式

①左腳後收,雙掌朝前伸出(如圖142)。

②然後將右腳向後斜跨45度成四六式,並迅速將雙臂向兩膝外側撥開,面部則朝向右方(如圖143)。

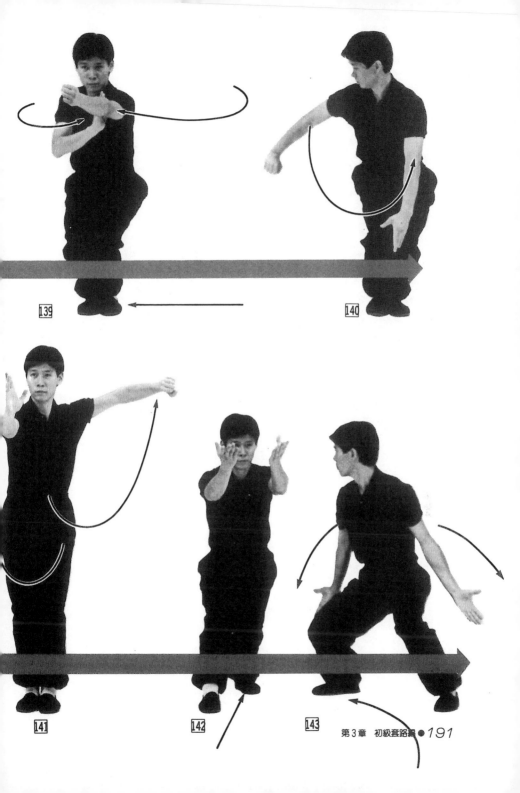

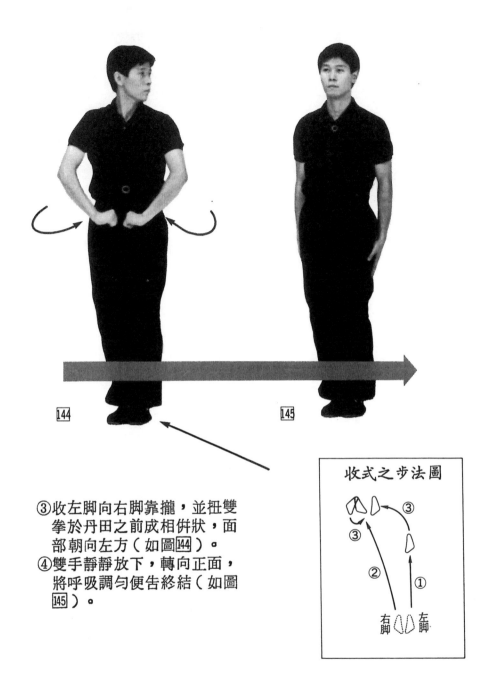

③收左脚向右脚靠攏，並扭雙
　拳於丹田之前成相併狀，面
　部朝向左方（如圖144）。
④雙手靜靜放下，轉向正面，
　將呼吸調勻便告終結（如圖
　145）。

收式之步法圖

右脚　左脚

# 第4章

# 對打編

# 對打練習

將單人套路練到某一程度之後，便可以開始作雙人對練。二人相對的練習可以稱為「對打」、「打手」以及「對練」。對打有：

①依照套路的順序練習（八極對打、三才劍）
②由二人進行的對打套路（形意拳中的五行生剋拳）
③以個別技法作反覆練習（與空手道中的一本組手相同）
④以特殊方法進行（太極拳的推手）

這些練法，可以了解到在什麼狀況下應該出手，看似簡單，但卻奧妙無窮。只要能按部就班，照正確方法練習，便可充分了解套路中的技法，以應用在實戰之中。想要確切的體會出其中的祕訣，在下意識裡也能使出適當的技法，就應該多加練習。

本章介紹的是四路查拳中的技法，並且將其中的重點分列出來，再配合馬賢達先生的「螳螂九手」對練法介紹給各位，雖然不是實戰的招數，但卻是對武技作更深一層認識的第一步。

## 四路查拳的用法練習

在說明上，以右側為Ａ，左側為Ｂ。

## 跨步引掌的用法

①二人對面而立（如圖
　①）。
②互相以右脚跨前一步
　，A抓住B的手腕（
　如圖②）。
③B扭轉右手腕，向外
　側旋轉，反制住B的
　右手（如圖③）。
④再將左脚大步跨出，
　以左臂加左肩壓制A
　的右肘及肩部關節（
　如圖④）。
　　以上的動作A、B
互相交換反覆進行。

## 弓步撩推掌
至
## 穿掌撩襟
的用法

①擺出架式（如圖
 1 ）。

《弓步撩推掌》

②A向B彈腿踢擊
 ，B則收腿後退
 ，並以左手格開
 A踢來之腳（如
 圖 2 ）。

③A將踢出之腳前
 踏而下，並以右
 拳向B捶出，B
 則出右掌向A之
 右拳側掃出，並
 迅以右掌拇指側
 擊向A之下巴（
 如圖 3 ）。

④A向後退一步以
 避開B的攻擊，
 並跨左腳以左掌
 向B擊出，B則
 以右手格開A的
 拳勢，再出左手
 封住A的下一步
 變化（如圖 4 ）
 。

196

⑤然後迅卽以右掌向Ａ的面部或胸部擊出（如圖⑤）。

《彈腿擊掌》

⑥Ａ向後退，以左手向上廻旋掃出，格開Ｂ的右手，Ｂ則以右腿踢向Ａ的下襠，Ａ的左手勁勢不停，將Ｂ踢來之右脚向外橫掃而出（如圖⑥）。

⑦Ａ提右脚前跨一步，出右拳向Ａ前擊，Ｂ則將踢出之脚迅速後收，抽身退回，再以左臂擋開Ａ的右手攻擊（如圖⑦）。

⑧Ａ以左彈腿向Ｂ踢擊，Ｂ提左脚向右邊橫移而出，並以左攖手將Ａ的踢擊格開（如圖⑧）。

以上的動作由Ａ、Ｂ交互練習。

前頁之背面圖

　Ｂ則以左手由上而下
廻旋掃出，格開Ａ的
右手（如圖２）。
③乃迅卽以左腳向Ａ之
後側跨出，並向Ａ之
中段或下段出拳攻擊
（如圖３）。
　以上的動作右左交
互練習數次。

1

2

3

## 虛步屈肘
## 至
## 白鶴亮翅
## 的用法

①擺好架式（如圖
　①）。
《虛步屈肘》
②A以左腳跨前，
　出左拳向B的中
　段擊出（如圖②
　）。
③B廻左手將A的
　捶擊捲落，並提
　右腳跨前一步，
　反手壓制住A的
　肘關節（如圖③）
④A拔左腳抽身後
　退，脫離B的擒
　拿（如圖④）。

3 的背面圖

《轉身冲拳》
⑤左脚放下後，A
迅卽以右脚跨前
向B前擊而出，
B則將A之右手
格開，然後左脚
前跨，以左拳攻
擊A的脇部（如
圖5～7）。
（圖6～7在
次頁）。

4

5

《寒雞撩陰》

⑥A略微抽脚後腿
，並扭轉右臂，
自上向下將B之
左手掃開（如圖
⑧）。

⑦B隨著A的後退
之勢，以左手將
A的右臂封住向
外架出，並出右
拳擊向A的下襠
。還有另一方法
是，以雙手將A
的身體及兩臂封
住，然後以右膝
踢向他的下段或
中段（如圖⑨）
。

10

11

《撤步截打》
⑧A將B的右臂按壓而下，準備擒拿（如圖10）。
⑨B迅即抽身後退，並以左手向A掃擊而出（如圖11）。

《上步劈掌》
⑩Ａ以左脚前跨一
　步向Ｂ前擊而出
　，Ｂ側身避開，
　並揮左臂向下格
　出，化解其攻擊
　（如圖12）。
⑪然後將Ａ之左手
　捲起，右脚跨前
　一步，以整支右
　臂如甩鞭般向Ａ
　之後腦劈下（如
　圖13）。
《白鶴亮翅》
⑫Ａ將頭部下縮，
　避開Ｂ的攻擊（
　如圖14）。
⑬Ｂ則迅卽以右手
　反方向逆擊而出
　，對Ａ的喉部及
　胸部作猛擊（如
　圖15）。
　　以上的動作，
由Ａ、Ｂ交互練習
，起初不要用勁，
只要順其勢作動作
卽可。

12~15的背面圖

## 墊步穿掌
## 至
## 馬步托打
## 的用法

①互相以手相格，
　擺好架式（如圖
　①）。

《墊步穿掌》

②B迅卽將A的手
　捲落，並拉至身
　前，同時以左掌
　尖向A的喉部或
　眼部刺出（如圖
　②）。

《右蹬脚》

③A以左手將B的
　左手擋開，而B
　則起右脚朝A的
　下段以右蹬脚踢
　出（如圖③）。

④A後退一步避開
　B的攻擊，並跨
　左脚朝B攻出左
　拳（如圖④）。

《右劈打》

⑤B提右脚向前跨
　出，以左臂將A
　之左手掃開（如
　圖⑤）。

⑥然後再以整支右
　臂作大幅廻旋，
　朝A的後腦擊落
　（如圖⑥）。

《馬步托打》

⑦A將左脚後收側
　身避開B的右劈
　打，再將右脚前
　跨，出右拳向B
　擊出（如圖⑦）。

⑧B爲了閃避A的
　攻擊，向其外側
　跨出，並以左手
　架位A的右手攻
　勢（如圖⑧）。

⑨再跨步移向A的
　外側成馬步姿勢
　，朝A的側腹部
　捶擊而出（如圖
　⑨）。

　　以上的動作由
A、B交互練習。

## 抓肩壓肘
## 至
## 連環接打
## 的用法

《抓肩壓肘》

①由A抓住B的左肩（如
　圖1）。

②B以右手由上壓住A之
　右手（如圖2）。

③再以左手肘將A的手腕
　及肘關節向下壓迫，使
　其疼痛（如圖3）。

《連環接打》

④一舉採取弓式，並出右
　拳向A之上段前擊而出
　，此時必須將面部埋在
　右肩之中，以保護頭部
　（如圖4）。

⑤A將右脚抽回，後退一
　步以避開B的右拳，並
　以左拳向B擊出。B亦
　順勢後退。以右手上架
　抵擋A的攻擊，並出左
　拳前擊A的中段（如圖
　5）。

　　左右交互練習。

① 1

② 2

## 燕子抄水
## 至
## 馬步架打
## 的用法

①擺好架式（如圖
⑴）。
②A以右拳向B前
擊，B則提右腳
向外橫跨而出，
並以右臂格開A
的攻擊（如圖⑵）。
③轉身朝左側移動
，並提左腳向A
踢擊（如圖⑶）。

③ 的另一方法

③ 3

≪燕子抄水≫
④A的頭部下垂，
　收右腳抽身後退
　以避開B的踢擊
　，並以左拳向B
　擊出。B則迅速
　將踢出之腳垂落
　前伸，身體一沉
　以避開A的左拳
　（如圖④）。
≪弓步盤肘≫
⑤B將A的左臂架
　起，並抬右肘向
　A的側腹部揮擊
　而出（如圖⑤～
　⑥）。

《上步蓋掌》
⑥A收左脚後退，
避開B的肘部攻
勢，並出右拳向
B前擊。B則順
A後退之勢欺身
向前，以左手將
A的右拳封落，
再以右掌尖刺向
A的喉部或眼部
。練習時以手背
輕觸，點到爲止
（如圖⑦～⑧）。

《馬步架打》
⑦A收右脚向後退
，避開B的攻擊
，並以左拳擊向
B。B則趁A後
退之勢欺身而上
，以左手架開A
的左拳，而以右
拳向其側腹部擊
出（如圖⑨）。
　　以上的動作要
交互練習。

## 提膝掀掌
## 的用法

① A 先握住 B 的手腕（如圖 1 ）。

② B 的左手由外而內扭轉，破壞 A 的體勢（如圖 2 ）。

③ 然後迅即跨前一步，右臂前穿並以整個肩部撞擊 A （如圖 3 ）。
　　以上的動作由 A 、 B 交互替換，反覆練習。

## 順風擺柳
## 的用法

①擺好架式（如圖
　①）。
②A以右腳向B踢
　出，B則以左手
　格開A的踢擊，
　並跨步向前（如
　圖②）。
③將A的腳托起，
　破壞其體勢，並
　以右手前擊其下
　襠（如圖③）。
　　以上的動作由
A、B交互練習。

# 螳螂九手練習法

　此處所介紹的是螳螂九手的對練法。

　其內容分為外三手、裡三手及上下三手，都是擋開對手攻擊之後迅即展開攻勢的招式，而且，必須在對方攻勢出現了之後便出手封架，以培養交手攻擊的概念，除此之外，還可以鍛鍊內臟及肌肉的耐擊性。因此，一開始應該先用輕緩動作，習慣之後才漸次加強勁道，最後才是全力攻擊。

　在說明上，右側為Ａ，左側為Ｂ。

## 外三手

①相對而立（如圖
　①）。
②互相以右脚跨前
　一步，並出右手
　相格（如圖②）
　。

③ A將B的左手捲
　落，並以左手按
　其肘部下壓（如
　圖③）。
④而以右手向B的
　右胸前擊（如圖
　④）。
⑤ B扭腰轉身，將
　A之右手捲落（
　如圖⑤）。
⑥並迅卽以左手壓
　制對方的肘部（
　如圖⑥）。

⑦再以右掌向Ａ的
　右胸前擊（如圖
　⑦）。
⑧Ａ將Ｂ的右手捲
　落，並壓肘外扭
　，然後前擊Ｂ的
　右胸（如圖⑧～
　⑩）。
　　以下的動作反
覆的練習，然後再
換左手、左腳先出
進行。

216

## 裡三手

①相互以一脚前跨
　在內側交合，B
　向A的左胸拍擊
　（如圖①）。
②A以右手將之格
　開，再以左手由
　上向外掃出（如
　圖②～③）。
③並迅卽以右掌拍
　擊B的左胸（如
　圖④）。

④B配合其右手之
掃勢扭腰轉身，
再以左手向外格
出（如圖⑤～⑥
）。
⑤然後以右掌前擊
A的左胸（如圖
⑦）。
⑥A將其攻擊予以
格開（如圖⑧）
。以上動作反覆
練習數次，然後換
成先出左手、左脚
來練習。

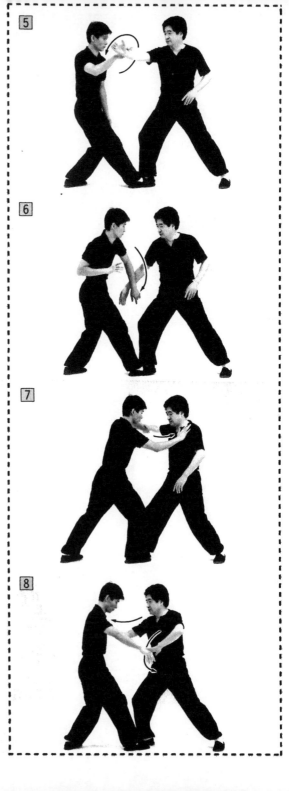

## ▌上下三手▐

①相互以右脚跨前
　擺好架式，B向
　A的中段按擊而
　出（以手掌推壓
　擊打）（如圖1
　）。

②A提右脚向上成
　獨立式，並舉右
　手上架，擋開B
　的攻擊（如圖2
　）。

③迅卽再換成左手
　外擋（如圖3）
　。

④右脚前跨，以右
　掌前擊B的中段
　（如圖4）。

⑤B以獨立式向外
　擋開A的攻擊（
　如圖⑤）。
⑥並迅卽換成左手
　外擋（如圖⑥）
　。
⑦右脚跨出，以右
　掌前擊A的中段
　（如圖⑦）。
⑧A再提腿舉臂將
　B的攻擊予以格
　開（如圖⑧）。
　　以上的動作反
覆練習數次，然後
再換成先出左脚及
左手來練習。

# 歡迎至本公司購買書籍

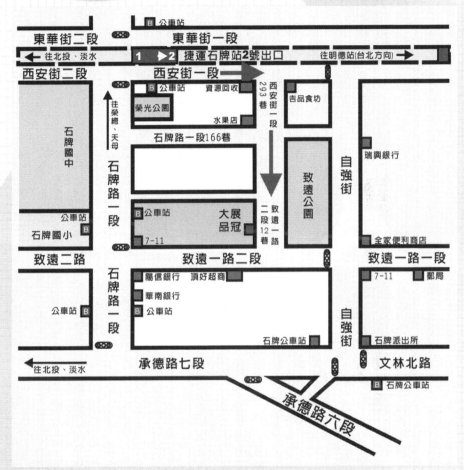

建議路線
 1.搭乘捷運，公車
　　淡水線石牌站下車，由石牌捷運站２號出口出站(出站後靠右邊)，沿著捷運高架往台北方向走(往明德站方向)，其街名為西安街，約走100公尺(勿超過紅綠燈)，由西安街一段293巷進來(巷口有一公車站牌，站名為自強街口)，本公司位於致遠公園對面。搭公車者請於石牌站(石牌派出所)下車，走進自強街，遇致遠路口左轉，右手邊第一條巷子即為本社位置。

 2.自行開車或騎車
　　由承德路接石牌路，看到陽信銀行右轉，此條即為致遠一路二段，在遇到自強街(紅綠燈)前的巷子(致遠公園)左轉，即可看到本公司招牌。

國家圖書館出版品預行編目資料

教門長拳 / 蕭京凌 編譯
－二版－臺北市：大展，民 107.09
　　　　面；21 公分－（武術特輯；4）
ISBN 978-986-346-223-1（平裝）
1. 拳術 2. 中國
528.972　　　　　　　　　　107012731

# 教門長拳

編 譯 者／蕭　京　凌
責任編輯／小　精　靈
發 行 人／蔡　森　明
出 版 者／大展出版社有限公司
社　　　址／台北市北投區（石牌）致遠一路2段12巷1號
電　　　話／(02) 28236031・28236033・28233123
傳　　　真／(02) 28272069
郵政劃撥／01669551
網　　　址／www.dah-jaan.com.tw
E-mail／service@dah-jaan.com.tw
登 記 證／局版臺業字第2171號
承 印 者／傳興印刷有限公司
裝　　　訂／眾友有限公司
排 版 者／千兵企業有限公司
二版1刷／2018年（民107年）9月　　　　　　　定價／330元

●本書若有破損、缺頁敬請寄回本社更換●